Die Kraft der Edelsteine

Bei Bassermann ist ebenfalls erschienen:
Das große Handbuch des Tarot (ISBN 3–8094–0306–7)
Das große Buch der magischen Kräfte (ISBN 3–8094–0151–X)
Traumdeutung und Traumsymbole (ISBN 3–8094–0335–0)

Der Text dieses Buches entspricht den Regeln der neuen deutschen Rechtschrebung.

Die Deutsche Bibliothek – CIP-Einheitsaufnahme

Walters, Raymond J. L.:
Die Kraft der Edelsteine / Raymond J. L. Walters. Übers. von Helmut Ross – Niedernhausen/Ts. : Bassermann, 1997
Einheitssacht.: The power of gemstones <dt.>
ISBN 3–8094–0448–9

ISBN 3 8094 0448 9

Originaltitel: The Power of Gemstones. Precious and Semi-precious Stones – Healing Powers – Mythical Stones – Superstitions, Talismans and Mystical Properties

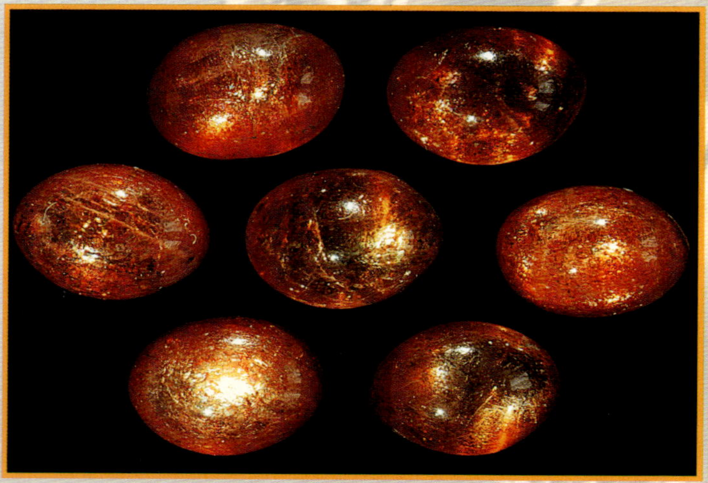

Umschlaggestaltung und Titelbilder: Peter Udo Pinzer
Fotos und Zeichnungen: Ancient Art & Architecture Collection: Seite 11, 31; AKG London: Seite 108, 119, 123; Bridgeman Art Library: Seite 73, 112/113, /Bonhams: Seite 56, 59 unten, 64/65; British Crown Copyright: Seite 20, 58, 88, 90; Bruce Coleman: Seite 118, 124; Christie's Colour Library: Seite 24, 27, 41 oben, 42, 46, 63, 89; De Beers: Seite 82, 87, 90; ET Archiv/Historisches Museum Moskau: Seite 55/Uffizien: Seite 64; Images Colour Library: Seite 10, 16, 25, 42 unten, 49, 72, 77, 92, 100, 116, 120 links; Mary Evans Picture Library: Seite 36, 40, 61, 65 rechts, 74, 80; Explorer: Seite 84, 102, 108, 111, 112/113, 114, 116, 120, 121, 122, 126; Natural History Museum: Seite 12, 20, 22, 23, 26, 28, 32, 38, 41 unten, 44, 48, 52, 56, 57, 59 oben, 66, 68/69, 70, 74, 75, 79, 80, 81, 82, 85, 86, 101, 104, 124; Science Photo Library: Seite 94, 114, /Fleming: Seite 2, 28, 67, 76, 98, 105, 106, /Fred K. Smith: Seite 69, /George Chan: Seite 6, /Geospace: Seite 107, /Gugliemo: Seite 34, 35, 36, 78, /Hart-Davis, Seite 8, /Jisas/Lockheed: Seite 38, /John Walsh: Seite 1, 60, /Kuylk: Seite 9, /Land: Seite 33, /Manfred Kage: Seite 50, /Martin Land: Seite 62, /Parker: Seite 18, /Parviainen: Seite 96, /Pasieka: Seite 14, /Revy: Seite 18, Stammers: Seite 2, 98, 102; Werner Forman Archiv/British Museum: Seite 45, 55; Ägyptisches Museum: Seite 51.
Layout: Zoë Maggs, Rosamund Saunders
Übersetzung: Helmut Roß, Gschwandt
Redaktion: René Zey, Frechen
Herstellung: Königsdorfer Verlagsbüro, Frechen

Satz: Königsdorfer Verlagsbüro, Frechen
Gesamtkonzeption: Bassermann'sche Verlagsbuchhandlung, D–65527 Niedernhausen/Ts.

817 2635 4453 6271

Die Kraft der Edelsteine

Raymond J. L. Walters

BASSERMANN

INHALT

Einleitende WORTE

Seit Tausenden von Jahren liegen glitzernde Schmuckkristalle in Kesseln und Felsspalten entlang den Küstenlinien dieser Welt und in alten Flussbetten begraben. Die Winde und Regengüsse, die diesen Planeten seit jeher heimsuchten, brachten sie zu ihren heutigen Ruhestätten. Bereits unsere frühesten Vorfahren begannen diesen prachtvollen Schatz zu bergen und schätzten schon bald alle erdenklichen Steine wegen ihrer Schönheit und – wie sie glaubten – ihrer Fähigkeit, Glück zu bringen und Unheil abzuwehren. Im Laufe der zahllosen Jahrhunderte haben die Schmucksteine nichts von ihrer Faszination verloren und sind heute beliebt wie ehedem.

Als Schmucksteine wollen wir alle mehr oder weniger seltenen Steine bezeichnen, die von den unterschiedlichsten Bevölkerungskreisen wegen ihrer Schönheit, Farbe, relativen Seltenheit und Beständigkeit geschätzt werden.
Unsere Erde beherbergt jedoch Tausende von Mineralien und Feststoffen und viele von ihnen hätten ebenfalls ein Anrecht, als Schmuckstein tituliert zu werden. Dass sie nicht als solche gelten, ist weitgehend eine Sache der Mode. Wenn von Edelsteinen die Rede ist, denken die meisten Menschen an Rubine, Saphire, Smaragde und natürlich an Diamanten, doch ein Stein ist nur so kostbar, wie er vom Menschen beurteilt wird, und daher könnte ein gewöhnliches Stück Feuerstein für den, der seine einzigartigen Eigenschaften sehr schätzt, ebenso wertvoll sein wie ein Diamant. Aus diesem Grund werden Sie auf den folgenden Seiten auch Steinen begegnen, mit denen Sie womöglich nicht gerechnet haben.

In bestimmten Epochen standen bei bestimmten Völkern oft sehr ungewöhnliche oder sogar unscheinbare Steine in hohem Ansehen – und dies mehr aufgrund ihrer angeblichen Heil- oder Zauberkräfte als wegen ihrer Schönheit. Deshalb galten auch sie als »edel«.

Da nahezu alle Steine als Schmucksteine in Frage kommen können und ihrem Besitz keine finanziellen Grenzen gesetzt sind, spielten sie im Leben des Menschen seit jeher eine wichtige Rolle. In diesem Buch möchten wir Sie mit den unterschiedlichsten Schmucksteinen, ihrem mineralogischen Aufbau sowie mit den ihnen zugeschriebenen legendären Eigenschaften bekannt machen. Ein Blick auf einige mythische Steine, die im Laufe der Geschichte immer wieder eine Rolle spielten, rundet die Darstellung ab.

Die Anfänge

Ein Schmuckstein ist eine Antiquität, die so alt ist wie das Universum. Vor vielen Millionen Jahren begann alles damit, dass sich eine gigantische Gaswolke aus kosmischem Staub allmählich in einen flammenden Stern – die Sonne – verwandelte. Viele Millionen Jahre sollten vergehen, bis unser Sonnensystem mit seinen neun Planeten entstand und jeder dieser Planeten für alle Zeiten in seine elliptische Umlaufbahn um die Sonne eintrat.

OBEN: MUSTER AUS ABGEKÜHLTER PAHUHU-LAVA AUS DEM HAWAIISCHEN KILAUEA-KRATER (1974).

UNTEN: SCHMUCKSTEINE ENTSTANDEN IN ALLEN WICHTIGEN PHASEN DER ERDGESCHICHTE.

Unser Planet entstand vor etwa fünf Milliarden Jahren als weiß glühende Gaskugel. Während diese Kugel allmählich abkühlte, bildeten sich die unterschiedlichsten chemischen Elemente und Verbindungen. Leichtere Stoffe traten an die Oberfläche und schwerere Substanzen wie etwa Eisen und Nickel sanken in Richtung auf den zentralen Kern; währenddessen bildeten sich kostbare Mineralien.

Wo findet man Schmucksteine?

Die abkühlende Erde formte sich zu drei Schichten: Erdkruste, Erdmantel und Erdkern. Da die meisten Schmucksteine aus Mineralien bestehen, findet man sie im Erdgestein, entweder auf der Erdoberfläche oder in tieferen Schichten. Die Ergusssteine beispielsweise entstehen innerhalb des Erdmantels. Diese massive, zähflüssige Schicht ist mit Magma gefüllt, das zur Gesteinsbildung führt, wenn es unter dem gewaltigen Druck tief im Erdinneren abkühlt. Durch Analyse der durch Lava an die Erdoberfläche gelangten Gesteinsbrocken vermutet man, dass das Magma vornehmlich aus Peridodit besteht, das sich wiederum hauptsächlich

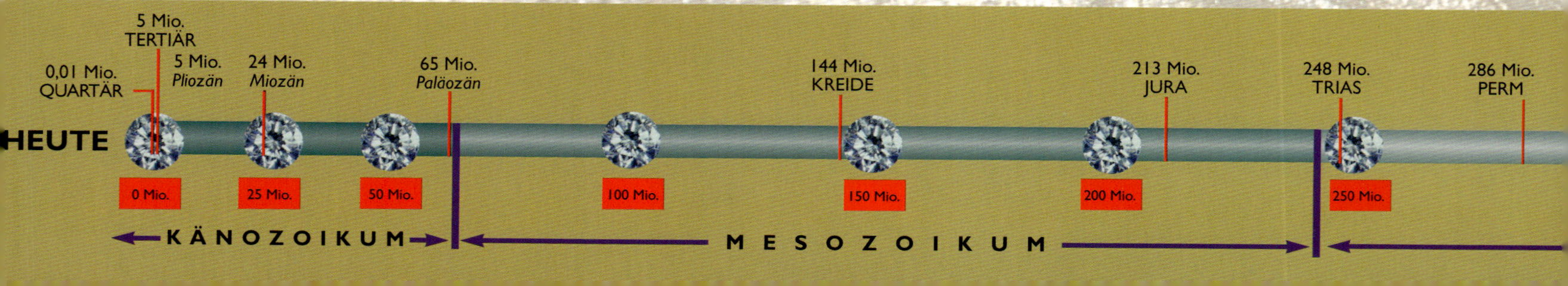

FAKTEN UND FANTASIE

IN DER ANTIKE SCHRIEB MAN JEDEM EDELSTEIN EINE BESONDERE MACHT ÜBER DIE KRÄFTE DER FINSTERNIS ZU – DEN SMARAGDEN UND DIAMANTEN EBENSO WIE DEN HALBEDELSTEINEN WIE GRANAT UND MALACHIT UND AUCH DEN EHER GEWÖHNLICHEN STEINEN WIE ETWA DEM FLINT. SOLCHE TALISMANE WIRKTEN ANGEBLICH GEGEN HEXEN, ZAUBERER UND JENE FURIEN, DIE MITTEN IN DER NACHT AUF GROB BESCHLAGENEN PFERDEN UND KÜHEN UMHERRITTEN.

aus Olivin und aus Pyroxenen zusammensetzt. Das bei weitem häufigste Element der Erdkruste ist Silizium. Aus Silizium und Sauerstoff entsteht leicht Siliziumdioxid; die Mehrzahl der mineralischen Verbindungen enthält diese Elemente in unterschiedlichen Anteilen. Denken Sie bei einem Spaziergang an einem Sandstrand daran, dass Sie Ihren Fuß auf winzige Körner aus Quarz (Siliziumdioxid) setzen, der durch das lösliche Eisen des Meerwassers gelb gefärbt wurde. Viele Schmucksteine sind ausgezeichnete Beispiele für solche Siliziumverbindungen und die meisten von ihnen enthalten Silizium und Sauerstoff. Die unterschiedlichen Farbtöne entstehen durch diverse andere verwandte Elemente.

UNSERE FRÜHEN VORFAHREN

Als der Mensch vor langer Zeit einige prachtvolle Kristalle entdeckte, stellte er fest, wie sehr sie sich von den anderen Mineralien und Gesteinen unterschieden – sie hatten eine ansprechende Farbe und eine angenehme, gleichmäßige Gestalt. Da sie sehr hart waren, stellte man mit diesen Schmucksteinen nicht viel an, außer dass man sie an Sehnen oder Halmen befestigte und als Schmuck anlegte. Schon bald aber lernte man, diese Steine als Waffe oder Werkzeug zu verwenden. Ein Blick in das Innere mancher gefundener Kristalle zog die Menschen auf merkwürdige Weise in den Bann der Steine. Unsere frühen Vorfahren legten besonders schöne Kristalle zur Seite und verehrten sie als Talisman ihrer Gemeinschaft. Sie hüteten ihren Stein, damit er die Familie vor Unheil bewahrte und ihre Speere ins Ziel trafen.

ALTERTUM

Kristalle und Schmucksteine wurden auch im Altertum verehrt und bereits in der Antike schrieb man den prächtigen, kalten und harten Steinen übernatürliche Kräfte zu, die vor Krankheit, Unheil und Gefahr schützen sollten. Viele Reisende und Pilger führten einen Steintalisman mit, um unbeschadet anzukommen – und sei es auch nur im Nachbardorf.

DER INNERE AUFBAU DER ERDE.

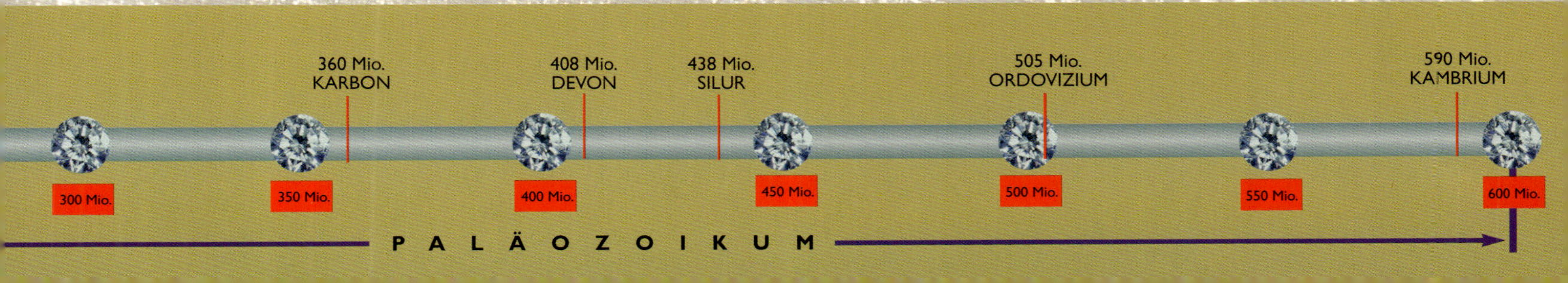

Schmucksteine

Wie wir gesehen haben, kann der Begriff »Schmuckstein« eine sehr weit gesteckte Bedeutung haben. In der Gemmologie (der Lehre von den Schmuck- und Edelsteinen) nimmt man jedoch eine Unterteilung in die Gruppe der anorganischen und der organischen Schmucksteine vor, mit denen sich zwei der drei Kapitel dieses Buches befassen werden.

• Anorganische Schmucksteine sind sehr harte, natürlich vorkommende Mineralien mit einer regelmäßigen chemischen Struktur. Die Mehrzahl der Schmucksteine ist anorganisch, und von den Tausenden von Mineralien, die man dem Inneren dieser Erde abtrotzt, erhalten vielleicht 20 den Ehrentitel »Edelstein« – wegen ihrer Seltenheit, Schönheit, Beständigkeit und Härte.

• Organische Schmucksteine stammen von Tieren oder Pflanzen – so etwa entsteht Bernstein aus fossilisiertem Baumharz, und Perlen werden von Austern gebildet. Auch Korallen, Gagat und Schildpatt gehören hierzu. Viele Jahrhunderte lang verarbeitete man die Knochen und Zähne großer Land- und Meerestiere zu Broschen, Halsketten und kleinen Statuen.

Gewichtig

Anorganische und organische Schmucksteine werden in Karat gewogen; ein Karat entspricht einem Fünftel Gramm. (Darüber hinaus dient das Karat auch der Kennzeichnung des Feingehalts einer Goldlegierung.) Über die Ursprünge dieses Begriffs kursieren verschiedene Geschichten. Die nachfolgende Version ist gleichsam ein Extrakt aus einer gewaltigen Sammlung von Schriften über die magischen, spirituellen und medizinischen Eigenschaften der Schmucksteine und Metalle.

Im Mittelmeerraum und in Arabien wächst der Johannisbrotbaum (Karob). Da seine Wurzeln tief in den Boden vordringen, ist er für ein extrem trockenes Klima gut geeignet. Seine Früchte sind ledrige, dunkelbraune und bohnenförmige Hülsen von etwa 20 Zentimeter Länge. Die frischen Hülsen tragen zahlreiche kleine schwarze Samen in einer sirupartigen Flüssigkeit, die wie Honig aussieht und schmeckt. Das Trocknen und Feinmahlen der Hülsen ergibt ein kakaoähnliches Pulver, das bei der Herstellung von Schokoriegeln, Getränken und Süßigkeiten verwendet wird.

Östliche Weisheit

Jahrtausende lang benutzten die östlichen Edelsteinhändler die schwarzen Samen des Karob zum Abwiegen ihrer Ware. Das Durchschnittsgewicht eines Samenkorns entspricht nahezu unserem modernen Karat, so dass dieses mit ziemlicher Wahrscheinlichkeit von dem Wort »Karob« abgeleitet ist.

Im Zuge der immer größer werdenden Genauigkeit der Waagen ging man dazu über, die Schmucksteine in Milligramm abzuwiegen. Da jedoch keine

FAKTEN UND FANTASIE

IM ENGLAND DES 16. JAHRHUNDERTS WOG MAN EDELSTEINE IN »GRAINS« (GRAN). HIERZU EIN ZEITGENÖSSISCHER CHRONIST: »DAS KLEINSTE GEBRÄUCHLICHE GEWICHT IST DAS GRAYNE, BEDEUTEND EIN KORN VON WEIZEN, GETROCKENET UND AUS DER ÄHRENMITTEN STAMMEND«.

DA SICH DAS GEWICHT MIT ZUNEHMENDER TROCKNUNG VERRINGERTE, GAB MAN DIESES SYSTEM SCHLIESSLICH AUF. DIE GEWICHTSEINHEIT »GRAIN« IST JEDOCH IN GROSSBRITANNIEN UND DEN USA NOCH HEUTE GEBRÄUCHLICH. SIE ENTSPRICHT 1/7000 DES ENGLISCHEN PFUND (64,79891 MG).

DIESE ZULU-HALSKETTE AUS LÖWENZÄHNEN WURDE VIELLEICHT NICHT NUR ZUR ZIERDE, SONDERN AUCH ALS GLÜCKSBRINGER GETRAGEN.

FAKTEN UND FANTASIE

Mohssche Härteskala

1	TALK	6	ORTHOKLAS
2	GIPS	7	QUARZ
3	KALKSPAT	8	TOPAS
4	FLUSSSPAT	9	KORUND
5	APATIT	10	DIAMANT

DIE HÄRTE EINES STEINS WIRD MIT HILFE DER MOHSSCHEN HÄRTESKALA GEMESSEN, DIE ZEHN BEKANNTE MINERALIEN REPRÄSENTIERT. JEDER STEIN KANN MIT DEM STEIN DER NÄCHSTHÖHEREN ZAHL EINGERITZT WERDEN.

einheitlichen Gewichte verwendet wurden und manche Händler an den alten Methoden festhielten, variierte das Karat zwischen 190 und 215 Milligramm. Schließlich einigte sich das Internationale Büro für Maße und Gewichte darauf, dass das metrische Karat 200 Milligramm entspricht.

Die Mohshärte

Zur Messung der Härte anorganischer Schmucksteine verwendet man die nach dem deutschen Mineralogen Friedrich Mohs benannte Mohssche Härteskala. Sie reicht von 1 bis 10 und basiert auf der Ritzbarkeit des betreffenden Steins.

Alle anorganischen Schmucksteine sind kristallin, besitzen also eine gleich bleibende geometrische Struktur. Einige zeigen eine raue Oberfläche, andere wurden im Laufe der Zeit vom Wasser geglättet. Um sie als Schmuck verwenden zu können, werden Schmucksteine meist geschnitten, geschliffen und anschließend poliert.

Um die natürliche Kristallstruktur, den Lichteinfall, die Brechung an den Facetten und eine oft geheimnisvolle Wirkung auf den Betrachter optimal zu nutzen, haben sich inzwischen einige bestimmte Standardschliffe herausgebildet.

BELIEBTE SCHLIFFFORMEN.

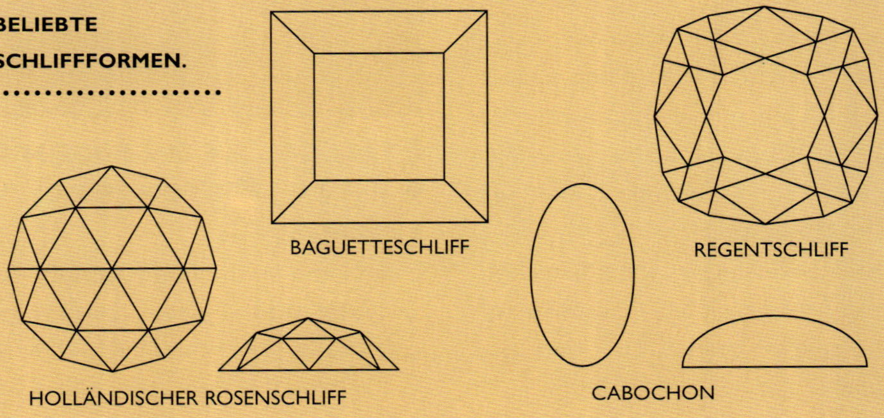

Synthetische STEINE

Vor Erfindung des Verneuil-Verfahrens (siehe unter »Korund« auf dieser Seite) wurden Schmucksteine aus glasartigen Materialien oder »Pasten« nachgebildet, die man mit Hilfe verschiedener Substanzen einfärbte. Kobalt etwa ergibt einen Blauton und Gelb entsteht durch Zugabe von Silbersalzen oder Titanverbindungen. Diese Färbungen verleihen dem Glas eine größere Leuchtkraft und Dichte, verändern aber auch die Brechzahl, die das Ausmaß der Lichtstreuung angibt.

DICHT AN DICHT

Synthetische Schmucksteine sind durch und durch kristallin und unterscheiden sich nur unwesentlich von den in der Natur vorkommenden »Originalen«. Diese Steine müssen anhand von Kristallen erzeugt werden, die groß genug sind, um vom Edelsteinschleifer bearbeitet werden zu können. Außerdem müssen sie in ausreichenden Mengen produziert werden können, damit sich die Herstellungskosten rentieren.

Die meisten synthetischen Schmucksteine zeigen unter dem Mikroskop winzige Blasen, jedoch keine natürlichen Einschlüsse (beispielsweise Nadeln, Partikel aus anderen Mineralien oder kleine, mit Flüssigkeit oder Gas gefüllte Hohlräume).

»Steine« aus gegossenem Glas können einen Abdruck der Gussform aufweisen; die Facettenränder sind eher rund als scharf, sofern das Imitat nicht nachbearbeitet wurde.

FAKTEN & FANTASIE

»VERBUNDSTEINE« ENTSTEHEN DURCH ZUSAMMENFÜGEN VON ZWEI ODER MEHR KOSTBAREN MINERALSTEINEN – EINE TECHNIK, DIE BEREITS DEN RÖMERN BEKANNT WAR. SO ETWA FÜGTE MAN DREI STÜCKE WEISSER JADE MIT GRÜNEM KITT ZUSAMMEN, UM IHR DAS AUSSEHEN DER WERTVOLLEN »KAISERJADE« ZU VERLEIHEN. DIE ANFERTIGUNG EINER SOLCHEN ZUSAMMENSETZUNG IST BEISPIELSWEISE GERECHTFERTIGT, UM EIN WEICHES MINERAL, ETWA OPAL, MIT EINER HARTEN SCHUTZSCHICHT AUS QUARZ ZU VERSEHEN.

EINIGE BEMERKENSWERTE BEISPIELE

- *Diamant*

Diamanten sind eine bestimmte Form des Kohlenstoffs. Man kann synthetische Diamanten herstellen, indem man Kohlenstoff oder Grafit sehr hohen Temperaturen und Drücken aussetzt.

- *Korund*

Korund ist ein Mineral, das die Saphire und Rubine umfasst. Erst um 1900 gelang dem französischen Chemiker Auguste Verneuil die Entwicklung eines Verfahrens, um Korund in für die Herstellung synthetischer Steine ausreichend großen Stücken zu erzeugen. Hierzu verschmolz er pulverisiertes Aluminiumoxid (Tonerde) in einer sehr heißen Flamme. Das abkühlende Schmelzprodukt bildet einen großen Einzelkristall aus, der die gleichen physikalischen und optischen Eigenschaften besitzt wie der natürliche Korund, aufgrund der vertikalen Spaltrichtung jedoch oftmals in zwei Stücke zerfällt. Indem man der pulverisierten Tonerde bestimmte Metalloxide zugibt, erhält man die unterschiedlichsten Farbtöne: Chromoxid liefert einen synthetischen Rubin, während Titan- und Eisenoxid einen synthetischen Saphir ergeben.

- *Smaragd*

Farblich ansprechende und hochwertige Kristalle aus Aluminium-Beryllium-Silikat (Smaragd) wurden im Labor mit Hilfe der Hydrothermal- oder der Schmelzflussmethode erzeugt. Die Hydrothermalmethode macht sich die Tatsache zunutze, dass Wasser unter hohem Druck erst bei Temperaturen weit über 100 °C siedet und nun in der Lage ist, Silikate zu lösen, damit eine gesättigte Lösung entsteht. Beim Abkühlen fällen die Bestandteile aus und bilden Kristalle. Die Schmelzflussmethode unterscheidet sich hiervon allein darin, dass die Grundsubstanzen in Bor und Bleioxid gelöst und etwa sieben Tage lang auf 1300 °C erhitzt werden, bevor sie sich allmählich auf Raumtemperatur abkühlen. Eine weitere Methode besteht darin, über einem geschliffenen Smaragd eine »Haut« wachsen zu lassen.

FAKTEN & FANTASIE

IN DER WÄRMEBEHANDLUNG LIEGT SEIT JEHER DER SCHLÜSSEL FÜR DIE BEARBEITUNG HARTER MINERALISCHER SCHMUCKSTEINE. HITZE ZERSTREUT, VERÄNDERT ODER VERTREIBT GEWISSE ELEMENTE, DIE ZU FARBLICHEN BEEINTRÄCHTIGUNGEN FÜHREN. SO ETWA ERHITZTE MAN BRAUNE ZIRKONKRISTALLE AUS DEN MINEN INDOCHINAS IN EINEM SCHMELZTIEGEL VOLLER HOLZKOHLE. DAS BEI DER VERBRENNUNG ENTSTEHENDE KOHLENMONOXID ERZEUGT EINEN SCHÖNEN BLAUEN »STERNENLICHT-ZIRKON«, DER JEDOCH BEI STÄRKEREM LICHTEINFALL VERBLASSEN KANN. EIN BUNTQUARZ WIE ETWA EIN AMETHYST, DER STARKER HITZE AUSGESETZT WIRD, VERBLASST ODER VERLIERT SEINE FARBE SOGAR VOLLSTÄNDIG, WÄHREND EIN BEI MITTLERER HITZE »GEKOCHTER« AMETHYST EINE TIEFE ORANGEFÄRBUNG ANNIMMT (GOLDTOPAS). DIE WÄRMEBEHANDLUNG IST MITTLERWEILE EIN WEIT VERBREITETES VERFAHREN UND ERMÖGLICHT DIE HERSTELLUNG ATTRAKTIVER SCHMUCKSTEINE ZU VERTRETBAREN PREISEN. UM HERAUSZUBEKOMMEN, OB MAN ES MIT EINEM FARBLICH VERÄNDERTEN STEIN ZU TUN HAT, SIND JEDOCH FACHKENNTNISSE VONNÖTEN, DENN SCHON SO MANCHES GUTE STÜCK ZEIGTE IM LAUFE DER ZEIT UNERWÜNSCHTE FARBLICHE VERÄNDERUNGEN.

1

Anorganische SCHMUCKSTEINE

»Wie alles von Mutter Natur Geschaffene wirkt auch die mineralische Welt auf den ersten Blick recht simpel, und erst wenn wir ihre tatsächliche Beschaffenheit untersuchen, erweist sie sich als ungemein komplex. Wie sich die Kristallbildung genau vollzieht, weiß man noch nicht. Tatsache aber ist, dass alles Leben auf dieser Erde von den mineralischen Substanzen abhängt, aus denen die Erdkruste besteht, wobei bisweilen jene ›Blumen der Unterwelt‹ entstehen, die uns seit jeher entzücken und unsere Fantasie entfachen.«

BARBARA G. WALKER:
THE BOOK OF SACRED STONES – FACT AND FALLACY IN THE CRYSTAL WORLD

Wie bereits erwähnt sind alle anorganischen Schmucksteine aus Mineralien entstanden. Dank ihrer Kristallstruktur besitzen die meisten mineralischen Schmucksteine einige besondere Eigenschaften. Auf den folgenden beiden Seiten wollen wir uns ausführlicher mit der Welt der Kristalle beschäftigen.

In diesem ersten Kapitel werden Sie nähere Bekanntschaft mit den anorganischen Steinen machen, die der Mensch wegen ihrer Schönheit oder magischen Kräfte seit vielen Jahrhunderten schätzt – vom erlesenen Diamanten bis zum eher unauffälligen Feuerstein.

Die Darstellung der einzelnen Steine ist nach Farben geordnet und folgt dem Spektrum des Lichts. Als Erstes kommen die roten und orangefarbenen Steine, gefolgt von den gelben, grünen, blauen und violetten. Steine mit großer Farbvarianz schließen sich an. Das Kapitel endet mit den weißen und farblosen Schmucksteinen, da Weiß sämtliche Farben des Spektrums vereinigt. Es sei daran erinnert, dass die meisten Schmucksteine in den unterschiedlichsten Farbvarianten vorkommen, die hier nicht alle vorgestellt werden können.

KRISTALLE

»Kristalle finden sich in jenen hohen Lagen, wo sich der Winterschnee in großen Mengen gesammelt hat – und gewiss ist es Eis.«

PLINIUS DER ÄLTERE: *NATURALIS HISTORIA*

Alle kristallinen Substanzen besitzen einen gleich bleibenden inneren Aufbau aus zahlreichen regelmäßig angeordneten Atomen. Die Kristallstruktur ist für den Gemmologen von vorrangiger Bedeutung, denn dieses wichtige physikalische Merkmal ermöglicht ihm die Unterscheidung ähnlicher Steine und das Erkennen von Imitaten. Die Kristallbildung ist auch für andere Wissenszweige von Bedeutung; die Gemmologie wiederum bedient sich der Mineralogie, Chemie, Physik und Geologie.

Die Mineralogie gewann im 19. Jahrhundert ihren heutigen Stellenwert. Die Gemmologie entwickelte sich erst in den letzten sechs bis sieben Jahrzehnten zu einer wissenschaftlichen Disziplin und ermöglichte das Erkennen synthetischer, nachgebildeter oder in irgendeiner Weise veränderter Steine – sei es durch Färben, Wärmebehandlung, Bestrahlung, Füllen von Hohlräumen und Ähnlichem.

GEFRORENES EIS

Was aber ist eigentlich ein Kristall und woher stammt der Name? Die alten Griechen bezeichneten den durchsichtigen Quarz (also den Bergkristall, siehe Seite 78–79) mit dem Namen *cristallos*. Wörtlich übersetzt bedeutet dies »gefrorenes Eis«. In der Antike glaubte man nämlich, die Quarzkristalle seien durch längeres Einwirken strengen Frosts auf die ruhenden Wasser in entlegenen Berghöhlen entstanden.

Erst in den 70er Jahren des 18. Jahrhunderts wurde diese Eiskristalltheorie allmählich durch die Annahme ersetzt, dass die Kristalle schichtweise durch Anlagerung gelöster Partikel wachsen. Im Laufe der Jahre leitete man aus den Beobachtungen unter anderem folgende physikalische Gesetzmäßigkeit ab: »Bei gleicher Temperatur vermessen, besitzen alle Kristalle der gleichen Substanz die gleichen Winkel zwischen einander entsprechenden Flächen.«

GLÜCKLICHES MISSGESCHICK

Der Mineraloge René-Juste Haüy machte um 1800 eine wichtige Entdeckung, nachdem er einen großen Kalkspatkristall versehentlich hatte fallen lassen: Als Haüy einige der zahllosen Bruchstücke untersuchte, stellte er fest, dass sie – unabhängig von ihrer Größe – alle gleich geformt waren. Hieraus zog er die wichtige Schlussfolgerung, dass ein Kristall aus einer großen Zahl sehr kleiner Einheiten identischer Gestalt besteht. Diese Einheiten bezeichnete er als »integrale Moleküle«. Heute wissen wir, dass die äußere Gestalt eines Kristalls seinen inneren Aufbau widerspiegelt. Wie schon beschrieben besteht dieser aus Atomen, die zu einem regelmäßigen, gitterförmigen Muster angeordnet sind.

Auf dieser Vorstellung eines aus zahlreichen Bausteinen gebildeten »Kristallgehäuses« aufbauend, ermittelte der Franzose Bravais durch Berechnungen sieben grundlegende Kristallsysteme.

Hierbei kommt es darauf an, ob die relativen Längen der drei Kristallachsen rechtwinklig zueinander stehen (oder nicht) sowie auf die einzelnen Proportionen und Neigungswinkel. Man unterscheidet folgende Systeme:

1. Kubisch
2. Tetragonal
3. Trigonal
4. Hexagonal
5. Rhombisch
6. Monoklin
7. Triklin.

Wohlgeordnet

Einen weiteren Beweis für die vermutete Kristallstruktur gab es 1912: Max von Laue konnte in einem Experiment zeigen, dass Röntgenstrahlen, die durch einen Kristall geschickt werden, von jedem Mineral in einem charakteristischen, regelmäßigen Muster gestreut werden.

Diese Arbeiten weiterführend, begründete William Henry Bragg 1913 die Wissenschaft der Kristallographie. Sein Sohn, William Lawrence Bragg, setzte diese bedeutenden Arbeiten fort.

FAKTEN & FANTASIE

EIN KRISTALL BESITZT FOLGENDE HAUPTMERKMALE:

- ER HAT EINE BESTIMMTE GESTALT.
- ER BESTEHT AUS ZAHLREICHEN WINZIGEN KRISTALLEN MIT GENAU DER GLEICHEN FORM UND DEM GLEICHEN INNEREN AUFBAU.
- JEDES MINERAL BESITZT STETS DIE GLEICHEN FLÄCHENWINKEL.
- DIE KRISTALLEIGENSCHAFTEN GEHEN NICHT VERLOREN, WENN DAS MATERIAL FACETTIERT (GESCHNITTEN) ODER ZU FEINEM PULVER VERMAHLEN WIRD.

HEXAGONAL
Vier Achsen ergeben einen sechsseitigen Körper. Drei der vier Achsen sind gleich lang und schneiden sich im Winkel von 120 Grad. Die vierte Achse bildet mit den anderen Achsen einen Winkel von 90 Grad.

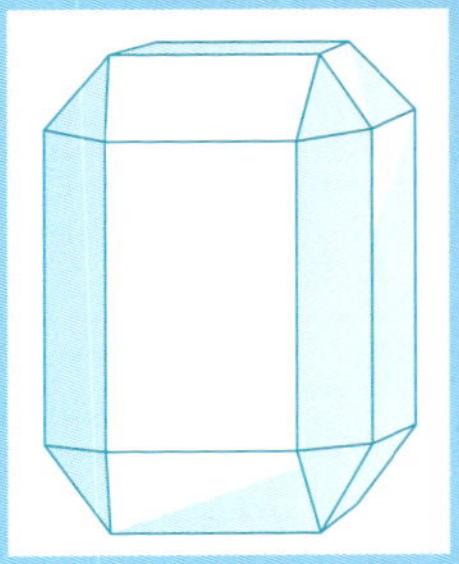

RHOMBISCH
Drei verschieden lange Achsen schneiden sich im Winkel von 90 Grad und bilden ungewöhnliche, von der Pyramide abgeleitete Körper.

TETRAGONAL
Zwei der drei Achsen sind gleich lang. Alle drei Achsen schneiden sich im Winkel von 90 Grad und erzeugen Körper wie etwa vier- oder achtseitige Pyramiden oder Prismen.

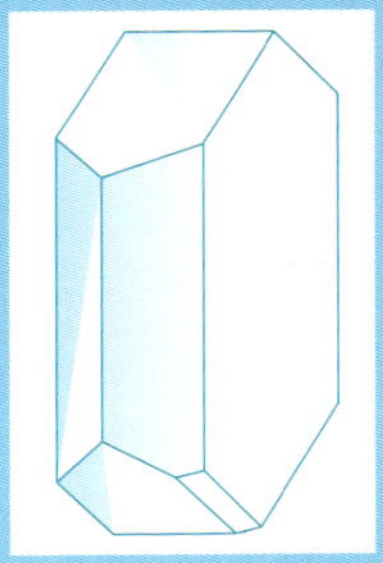

MONOKLIN
Alle drei Achsen sind verschieden lang und schneiden sich in zwei rechten und einem schiefen Winkel. Dies führt beispielsweise zu prismenartigen Körpern.

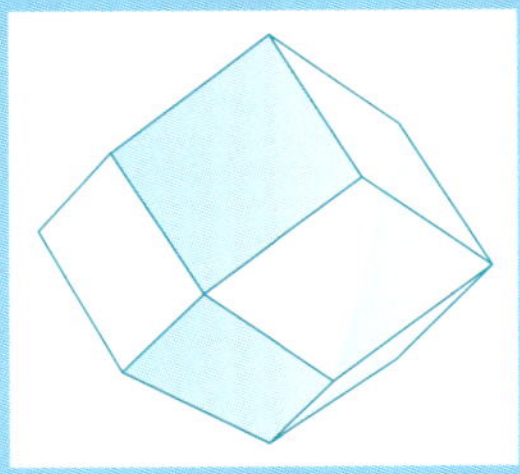

KUBISCH
Drei gleich lange Achsen schneiden sich in einem Winkel von 90 Grad.

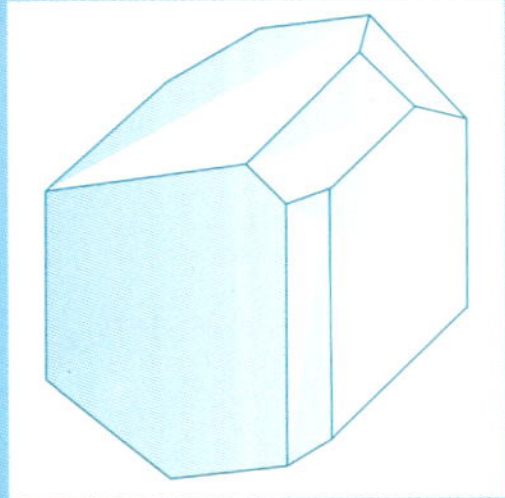

TRIKLIN
Alle drei Achsen sind verschieden lang und schneiden sich in verschiedenen Winkeln, aber nie im Winkel von 90 Grad. Dies ist das System mit der niedrigsten Symmetrie.

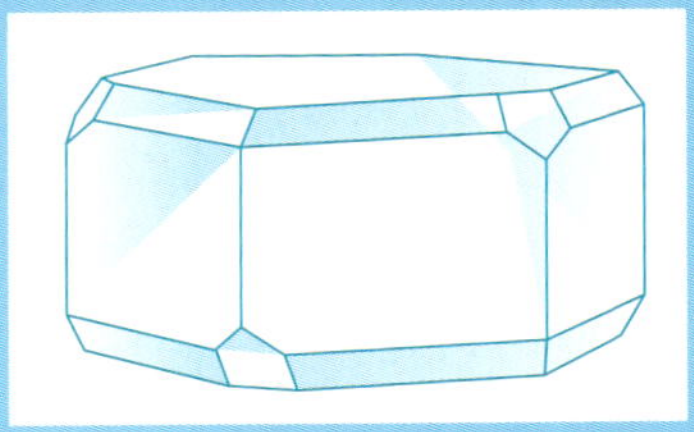

TRIGONAL
Das trigonale System unterscheidet sich nur unwesentlich vom hexagonalen System und wird diesem meist untergeordnet.

ZWEI STRAHLEN WEISSEN LICHTS WERDEN DURCH PRISMEN GESTREUT UND IN WELLENLÄNGEN AUFGESPALTEN.

Enge Bindungen

Während ein Kristall entsteht, irren die Atome der konstituierenden Elemente mit immensen Geschwindigkeiten umher. Dank der als chemische Bindung bezeichneten Anziehung bildet sich ein regelmäßiges Muster aus. Es ist, als würde man eine Schachtel mit Tischtennisbällen durchschütteln und beobachten, wie sie sich zu einer geometrischen Schichtung anordnen.

Eine wichtige Folge dieser regelmäßigen Anordnung, die auf Symmetrie- und Asymmetrieebenen fußt, besteht in der Richtungsabhängigkeit bestimmter Eigenschaften. Beispielsweise besitzen Disthenkristalle eine Härte von 7 in Querrichtung und von 5 in Längsrichtung.

Manche dieser Steine zeigen unter bestimmten Bedingungen elektrische Eigenschaften:

- Quarz (Bergkristall) ist piezoelektrisch. Unter mechanischer Belastung lädt sich seine Oberfläche elektrisch auf, so dass er für Gasfeuerzeuge ideal geeignet ist.
- Turmalin ist pyroelektrisch, was nichts anderes bedeutet, als dass er sich bei Erwärmung auflädt und sich daher gut für Thermometer eignet. Da Turmalin außerdem piezoelektrisch ist, wird er für Tiefen- und Druckmesser verwendet.

Innenwelten

Wer mit Hilfe eines Mikroskops einen Blick in das Innere mancher Kristalle wirft, begegnet einem weiteren bedeutenden Merkmal: Einschlüssen. Dieser Begriff umfasst alles, was in einem Stein eingefangen ist: Hohlräume, Fragmente anderer Mineralien und auch winzige, prächtig geformte Kristalle, federartige Risse, Blasen aller Formen und Größen, die mit Flüssigkeit oder Gas gefüllt sein können sowie Spuren von Pflanzen oder Tieren. So etwa kennzeichnen »Pferdeschwänze« und »Sonnenstrahlen« aus Byssolithasbestfasern eine Varietät des grünen Granats.

Die unterschiedlichen Einschlüsse können aus folgenden Gründen entstehen:

1. Die Substanzen befanden sich in der Nähe, bevor sich der Wirtskristall bildete. Meist handelt es sich um feste Kristalle oder Erdpartikel.
2. Es sind Tröpfchen jenes »Safts«, der den Wirtskristall und/oder andere, gleichzeitig gebildete und gewachsene Kristalle hat entstehen lassen.
3. Die Einschlüsse entstanden später als der Wirtskristall, etwa indem eine mineralreiche Flüssigkeit durch Risse eingesickert ist und winzige Kristalle gebildet hat.

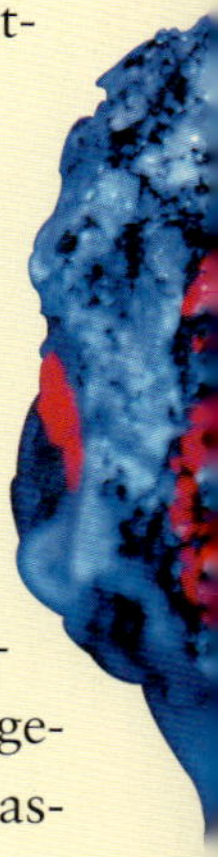

Weg des Lichts

Die optischen Eigenschaften des Kristalls tragen maßgeblich zu seiner Verführungskraft bei. Wenn ein Lichtstrahl in einen Kristall eindringt, wird er verlangsamt und gebrochen (abgelenkt). Auch hier ist wieder die Struktur von Bedeutung. Bei allen außer den zum kubischen System gehörenden Kristallen wird das auftreffende Licht sogleich in zwei Strahlen gespalten, die den Kristall mit unterschiedlicher Geschwindigkeit und Ablenkung durchdringen. Die Brechzahl gibt den für den jeweiligen Kristall charakteristischen Grad der Ablenkung an.

RUBINEINBETTUNGEN, IN ULTRAVIOLETTEM LICHT FOTOGRAFIERT.

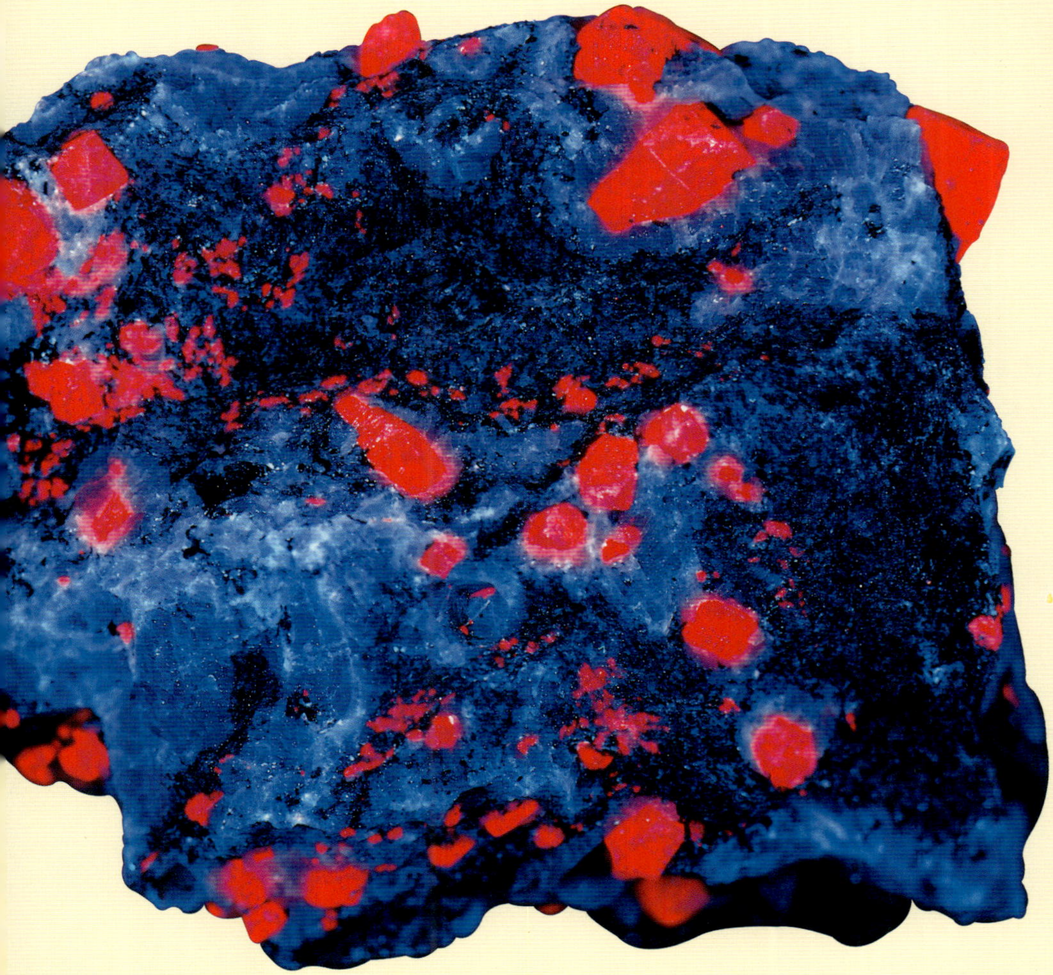

Licht im Dunkel

Wenn Kristalle den kurzen, unsichtbaren Wellen von UV- oder Röntgenstrahlen ausgesetzt sind, absorbieren manche von ihnen die Strahlungsenergie und geben sie in Form längerer, sichtbarer Wellen wieder ab. Rubin und Smaragd glühen wie heiße Kohle, während der Diamant ein geheimnisvolles bläuliches Licht abgibt. Nach dem Mineral Fluorit, an dem es zuerst beobachtet wurde, bezeichnet man dieses sonderbare Phänomen als Fluoreszenz. Eine Farbaufnahme des Fluoreszenzmusters eines Schmuckstücks kann im Fall eines Verlusts oder Diebstahls einen wertvollen Identitätsnachweis für die Versicherung bedeuten.

Bei manchen Kristallen tritt die Abgabe der längeren Strahlen mit einer gewissen Verzögerung ein und der Stein glüht im Dunkeln, auch nachdem die kurzwellige Strahlungsquelle gar nicht mehr aktiv ist. Dieses Nachglühen bezeichnet man als Phosphoreszenz.

FAKTEN UND FANTASIE

MANCHE EINSCHLÜSSE SIND ZWAR BEREITS MIT BLOSSEM AUGE SICHTBAR, DOCH MIT HILFE DES MIKROSKOPS KANN DER GEMMOLOGE DIE VERSCHIEDENSTEN WINZIGEN EINSCHLÜSSE ALS WERTVOLLE IDENTIFIZIERUNGSHILFEN HERANZIEHEN. SIE OFFENBAREN NICHT ALLEIN DIE ECHTHEIT UND DAS URSPRUNGSLAND, SONDERN WEISEN BISWEILEN SOGAR AUF DIE MINE HIN, AUS WELCHER DER STEIN STAMMT. BEIM SMARAGD ETWA DEUTEN WINZIGE AKTINOLITHEINSCHLÜSSE DARAUF HIN, DASS ER AUS RUSSLAND STAMMT UND NICHT AUS KOLUMBIEN, DA SMARAGDE AUS DER KOLUMBIANISCHEN CHIVOR-MINE OFTMALS PYRITKRISTALLE, KALZITRHOMBEN UND »DREIPHASEN-EINSCHLÜSSE« AUFWEISEN – UNREGELMÄSSIG GEFORMTE, MIT EINER FLÜSSIGKEIT GEFÜLLTE HOHLRÄUME, DIE EINE GASBLASE UND EINEN HALITKRISTALL ENTHALTEN. EINSCHLÜSSE SIND EIN GEEIGNETER HINWEIS AUF DIE ECHTHEIT EINES STEINS. DIE EINSCHLÜSSE IN EDELSTEINEN, DIE ALS LUPENREIN BEZEICHNET WERDEN, SIND NUR IM HOCHLEISTUNGSMIKROSKOP SICHTBAR.

Wie geht es weiter?

Die restlichen Seiten dieses ersten Kapitels sind einer breiten, nach den Farben des Spektrums geordneten Palette anorganischer Schmucksteine und den sie umgebenden Fakten und Fantasien gewidmet. Viel Spaß bei der Lektüre!

SPINELL

»Die Steine werden auf Geheiß des Königs geborgen und niemand sonst wagt es, nach ihnen zu graben – bei Todesstrafe und Beschlagnahme der weltlichen Besitztümer –, und darf auch diese nicht aus dem Königreich herausführen.«

MARCO POLO (1254–1324)

Der rote Spinell ist die beliebteste Varietät dieses in mehreren Farben vorkommenden Steins. Der zum kubischen System gehörende Spinell besteht aus Magnesiumaluminat; die rote Farbe entsteht durch Beimengungen von Chrom und Eisen. Viele Jahre lang hielt man den Stein für eine Art Rubin (»Balas-Rubin«), den man in der Antike als weiblich einstufte. Die meisten »Rubine«, die die mittelalterlichen Kreuzfahrer mit nach Hause brachten, sind von Gemmologen problemlos als Spinelle identifizierbar.

Geschichte

SPINELL

Bei Marco Polo ist nachzulesen, wie sehr man den Balas-Rubin im Orient verehrte. Er schreibt: »In der Provinz (Badachschan) findet man jene feinen, wertvollen Steine, die Balas-Rubine. Sie kommen aus einigen Gesteinen in den Bergen und auf der Suche nach ihnen graben die Menschen große Höhlen unter der Erde, wie man es auch beim Silber tut. Sie alle stammen allein aus einem Berg, genannt Syghinan. Der König lässt sie alle einsammeln und macht sie anderen Königen zum Geschenk. Auch handelt er, damit der Balas seinen großen Wert erhält, denn würde er allen erlauben, nach ihm zu graben, so würde die Welt bald voll mit ihm sein und er wäre ohne Wert.«

Der Rubin des Schwarzen Prinzen

Im 14. Jahrhundert besiegte Peter I., König von Kastilien und León, Abu Said, den Maurenkönig von Granada, im Gefecht. Abu Said reiste nach Kastilien, um zu verhandeln und Gnade zu erbitten. Er führte zahlreiche Juwelen mit sich, darunter vier riesige Balas-Rubine, die er wie seinen Augapfel hütete. Peter hieß ihn herzlich willkommen und lud ihn zu einem Ehrenbankett ein.

Doch es lag Verrat in der Luft. Peter, den man wegen seines Machtmissbrauchs als den Grausamen bezeichnete, hatte nämlich angeordnet, alle Diener des Maurenkönigs während des Fests umzubringen. Peter selbst erstach seinen königlichen Gast mit dem Dolch und stahl die begehrten Balas-Rubine.

Einige Jahre darauf erhob sich Heinrich von Trastámara (Peters Halbbruder) und attackierte Kastilien. Peter musste fliehen, war aber mit Edward, Prince of Wales (der »Schwarze Prinz«), ein Bündnis eingegangen und rief ihn um Hilfe an. Gemeinsam konnten sie Heinrich von Trastámara 1367 besie-

Legenden

ROTER SPINELL

gen. Als Dank für seine wertvolle Schützenhilfe schenkte Peter dem Schwarzen Prinzen den größten der vier Balas-Rubine, die er dem Maurenkönig gestohlen hatte.

Die englischen Kronjuwelen

Dieser große Rubin besitzt heute eine wichtige Stellung innerhalb der englischen Kronjuwelen. Ehedem zierte der glühend rote Stein den Helm Heinrichs V., als dieser 1415 an der Schlacht von Agincourt teilnahm. In der Schlacht von Bosworth erstrahlte der große Balas-Rubin auf dem Helm Richards III.

Während Cromwells puritanischer Alleinherrschaft Mitte des 17. Jahrhunderts wurden die Kronjuwelen aufgelöst: Das Gold der Krone wurde zu Münzen und anderen Artefakten umgeschmolzen und die Juwelen wurden an verschiedene potente Käufer verramscht.

Das Schicksal wollte es jedoch, dass jener Juwelier, der den großen Rubin erworben hatte, ihn 1660 kurz nach Wiedereinsetzung der englischen Monarchie an Karl II. verkaufte.

Die britische Staatskrone

Der große Balas-Rubin ist heute Teil der britischen Staatskrone. Er ist zirka fünf Zentimeter lang, wiegt etwa 150 Karat und gleicht einem schiefen Oktaeder (Doppelpyramide). Irgendwann wurde ein Loch von der Spitze bis zur Basis durch den Stein gebohrt.

An beiden Enden wurden zwei kleinere Bohrungen im rechten Winkel zu dem senkrechten Loch angebracht, möglicherweise um den Stein an einem Helm befestigen zu können.

Später besetzte man eines der kleineren Löcher mit einem kleinen echten Rubin.

Schutz vor Unheil

Der Legende nach soll der Balas-Rubin seinem Besitzer genau die gleichen Vorteile bringen wie ein echter Rubin. Der Stein bewahrt den Träger angeblich vor körperlichem wie finanziellem Unheil und soll auch in der Lage sein, das Bewusstsein zu erweitern, die Gedanken zu lenken und die Fantasie anzuregen.

Wegen dieser ihm zugeschriebenen Eigenschaften ist der rote Spinell der geeignete Stein für Ärzte, Schwestern und alle im Heilwesen tätigen Personen.

DIE MIT DEM GROSSEN BALAS-RUBIN BESETZTE BRITISCHE STAATSKRONE.

GRANAT

»... zu widerstehen Trübsinn und Gift, anzuhalten das Speien des Blutes und Steinchen im Leib aufzulösen.«

DER ARZT WILLIAM ROWLAND
ÜBER EINE SPEZIALARZNEI AUS GRANAT (1669)

DER ROTE GRANAT WURDE IN EINEN OKTAGONALEN DIAMANTEN EINGESETZT.

Von den zahlreichen chemischen Formen des Granats werden derzeit allein sechs als Schmucksteine anerkannt: Pyrop, Almandin, Spessartin, Grossular, Andradit und Uwarowit. Der Granat gehört zum kubischen Kristallsystem und besitzt meist die Form eines Rhomben-Dodekaeders (zwölf rautenförmige Flächen) oder Deltoid-Ikositetraeders (24 trapezförmige Flächen) oder eine Kombination beider Formen, je nach chemischer Zusammensetzung.

Der Granat wird mit der Geburt und dem Monat Januar in engen Zusammenhang gebracht. Außerdem wird er wegen seiner Widerstandsfähigkeit geschätzt. Den roten Granat bezeichnete man im Mittelalter als Karfunkelstein und schrieb ihm sagenhafte Eigenschaften zu. Größere Granatkristalle wurden beim Abbau anderer Mineralien entdeckt und kommen auch in Flussbettvertiefungen mit alluvialen Ablagerungen und in ausgetrockneten Flussbetten vor.

FARBENSPIEL

Entgegen der landläufigen Ansicht muss ein Granat nicht unbedingt rot sein, denn es gibt auch farblose, violette, orangefarbene, gelbe, grüne, braune und schwarze Varietäten.

In der Frühzeit des Diamantabbaus in Südafrika verkaufte man den gefundenen roten Granat als »Kaprubin«. Die jeweilige Färbung des Granats wird durch Elemente bestimmt, die während der Kristallbildung auf natürlichem Weg in das Kristallgitter eindringen.

ALTE PRACHT

Prächtiger, dunkelroter Pyrop aus den früheren böhmischen Minen findet sich nicht selten in älteren Schmuckstücken, während der Almandin je nach Eisengehalt eine attraktive rote bis schwarze Färbung aufweist.

Beim Spessartin reicht das Farbspektrum von Gelb bis Braun und Orange bis Flammenrot. Die intensiv grüne Varietät, die bis zu fünf Prozent Wasser enthalten kann, ist der Hydrogrossular, der die Größe eines gewaltigen Findlings erreichen kann. Man bezeichnet ihn auch als »Transvaal-Jade«, obwohl er der Jade nur farblich gleicht. Häufig findet man Kugeln und Figürchen aus Hydrogrossular und kürzlich wurden auch rosa bis rosenrot gefärbte Exemplare entdeckt. Trotz dieser bemerkenswerten Vielfalt gibt es eine Farbe, die einen Granat niemals ziert: Blau.

Hessonit

Der meist aus Sri Lanka, der Schweiz oder aus Südafrika stammende Hessonit, eine Abart des Grossulars, hat eine ansprechende orangerote oder gelbbraune Färbung. Die Insel Sri Lanka liefert nicht nur Hessonit und zahlreiche andere Formen des Granats, sondern besitzt auch reiche Vorkommen an industriell genutzten Gesteinen und Mineralien: Sri Lanka ist der weltgrößte Erzeuger von Grafit, einer Form des Kohlenstoffs, die nicht nur in der Bleistiftmine verwendet wird. Sri Lanka, das seit langem als Land der Edelsteine bekannt ist, liefert 44 Varietäten von Edel- und Halbedelsteinen.

DER GRANAT KOMMT IN NAHEZU SÄMTLICHEN FARBEN DES REGENBOGENS VOR, OBWOHL VIELE GLAUBEN, EIN GRANAT MÜSSE ROT SEIN. ABGEBILDET SIND EIN UWAROWITKRISTALL (MITTE) SOWIE GRÜNE, ORANGEFARBENE UND FARBLOSE GRANATKRISTALLE.

FAKTEN UND FANTASIE

IN DER ANTIKE WURDE DER TIEFROTE GRANAT MIT LEICHT KONKAVER BASIS STETS »EN CABOCHON« GESCHLIFFEN (SIEHE SEITE 11). EIN AUF SOLCHE ART GEFORMTER STEIN IST BEREITS IN DER BIBEL ERWÄHNT (EXODUS XXVIII, 15–20): ES HEISST DORT, DASS ER IN DEN BRUSTSCHILD DES HOHEPRIESTERS EINGELASSEN IST.

Legenden

GRANAT

Talisman der Krieger

Schmucksteine schätzt man seit jeher als Talismane, die ihren Träger vor Unheil bewahren sollen. In manchen Regionen Griechenlands gibt man Kindern auch heute noch einen Talisman aus Granat, um sie vor dem Ertrinken zu schützen. Früher legten die Krieger und Soldaten aus aller Welt ihr Schicksal in die Hände des Granats, nicht allein darauf vertrauend, vor Verletzung und Tod geschützt und siegreich zu sein, sondern auch, die Ruhe zu finden, um den Sieg genießen zu können.

Der durch Legenden gestützte Glaube an diesen Kriegstalisman veranlasste zahlreiche Kreuzfahrer einen roten Granat am Körper zu tragen und Siegelringe, Gürtelschnallen, Schwertgriffe und Schilde mit diesem Stein verzieren zu lassen. Wie so vielen roten Steinen schrieb man auch dem Granat die magische Kraft zu, Blutungen stillen zu können; deshalb legten die Chirurgen den Stein auf oder neben größere Wunden oder Blutansammlungen. Noch heute würden viele Asiaten nicht ohne einen roten Granat in den Kampf ziehen.

Mit dieser alten Vorstellung ist auch der Aberglaube verknüpft, dass der Granat fähig sei, tödliche Wunden zuzufügen. Während eines Aufstands indischer Nationalisten im Jahr 1892 gerieten britische Truppen in einen Hinterhalt und unter den Beschuss durch Hanza-Krieger, die in gut gewählten Verstecken entlang der Grenze nach Kaschmir postiert waren. Zwischen den Bleikugeln aus den alten Vorderladern der Hanza gab es immer wieder auch runde Granatgeschosse, die unter den britischen Rotröcken schwere Verwundungen erzielten.

LINKS UND RECHTS AUSSEN: VIKTORIANISCHER OHRSCHMUCK AUS GRANAT UND GOLD (SPÄTES 19. JAHRHUNDERT).

Heilkraft

Von dem berühmten Doktor der Arzneikunde William Rowland, der im 17. Jahrhundert wirkte, ist überliefert, dass er ein »Elixier« aus rotem Granat verordnete, um das Herz anzuregen,

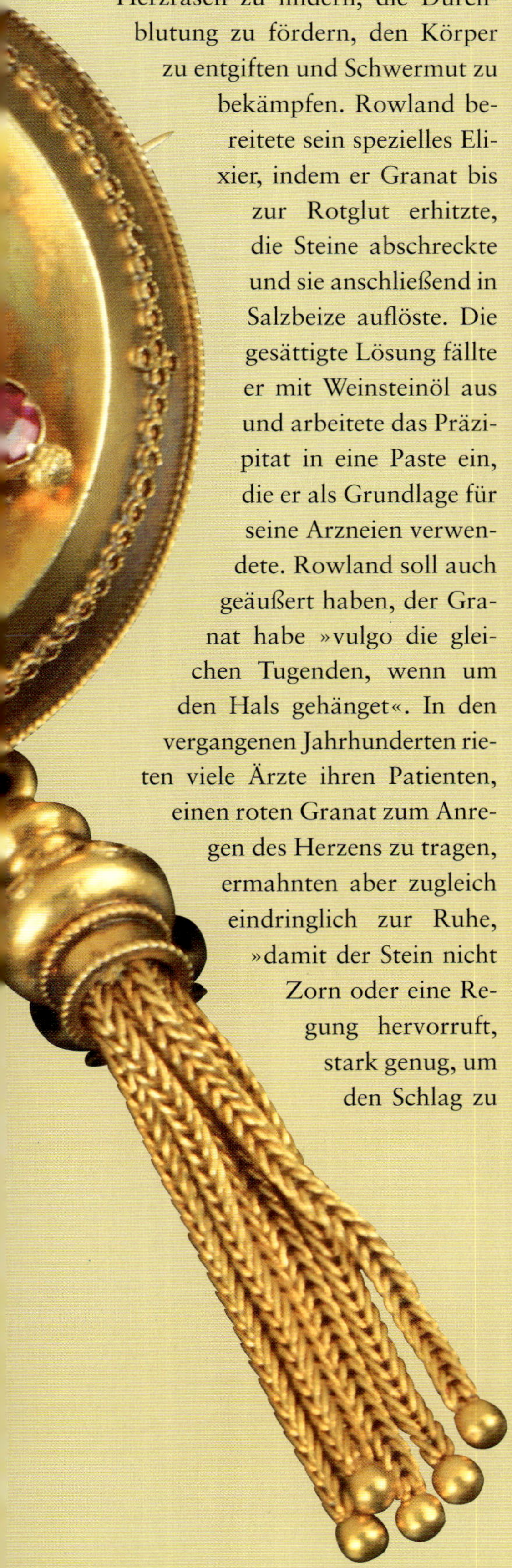

Herzrasen zu lindern, die Durchblutung zu fördern, den Körper zu entgiften und Schwermut zu bekämpfen. Rowland bereitete sein spezielles Elixier, indem er Granat bis zur Rotglut erhitzte, die Steine abschreckte und sie anschließend in Salzbeize auflöste. Die gesättigte Lösung fällte er mit Weinsteinöl aus und arbeitete das Präzipitat in eine Paste ein, die er als Grundlage für seine Arzneien verwendete. Rowland soll auch geäußert haben, der Granat habe »vulgo die gleichen Tugenden, wenn um den Hals gehänget«. In den vergangenen Jahrhunderten rieten viele Ärzte ihren Patienten, einen roten Granat zum Anregen des Herzens zu tragen, ermahnten aber zugleich eindringlich zur Ruhe, »damit der Stein nicht Zorn oder eine Regung hervorruft, stark genug, um den Schlag zu bringen«. Auch jene Ärzte, die den Granat zur Bekämpfung der Schwermut empfahlen, sprachen eine Warnung aus – dass diese nämlich durch Schlaflosigkeit verdrängt werde.

FAKTEN UND FANTASIE

DIE WOLKENKRATZER MANHATTANS STEHEN AUF EINEM FUNDAMENT, DAS TIEF IN DAS GRANATREICHE GRUNDGESTEIN GETRIEBEN IST. DURCH DEN DURCH DIE INSEL AUSGEÜBTEN GROSSEN DRUCK WURDE DER GRANAT ZU KLEINEN, OFTMALS UNFÖRMIGEN STEINEN UMGEBILDET, DEREN MEHRZAHL KEINE SCHMUCKSTEINQUALITÄT BESITZT.

Stein des Lichts

Einige Aufzeichnungen sprechen davon, dass sich ein großer Karfunkelstein auf einem Sockel in der Mitte der Arche Noah befunden habe. Er soll ein derart helles Licht abgegeben haben, dass das gesamte Schiff Tag und Nacht erleuchtet war. Die frühen spanischen Astrologen verwendeten den Granat als Symbol für die Sonne, während der Koran lehrt, dass ein Karfunkel den vierten Himmel anstrahlt.

Als Geschenk soll der Granat seinem neuen Besitzer Loyalität und beständige Zuneigung schenken. Zugleich jedoch wurde der Besitzer und Träger eines Granats immer schon gewarnt. So heißt es, der allmähliche Verlust des Glanzes sei ein Vorbote baldiger Gefahren und Unglücke. Ein Granat beliebiger Farbe, vor allem aber ein grüner Demantoid, soll dem Geschäftsmann Erfolg bescheren. Wer von einem Granat träumt, wird angeblich in Kürze die Lösung eines Rätsels erfahren.

MITTE: DIESE GUT ZU DEN OHRRINGEN PASSENDE BROSCHE STAMMT VERMUTLICH AUS DEM SPÄTEN 19. JAHRHUNDERT.

RUBIN

»An Dauer weicht die Rose dem Rubin,
ihn aber schmückt des Taues Träne nicht.«

AUGUST GRAF VON PLATEN (1796–1835)

Rubin ist eine Varietät des Korunds (Aluminiumoxid). Seine dreieckigen Kristalle liegen in Form sechsseitiger Prismen vor. Reiner Korund ist farblos. Die rote Farbe des Rubins verdankt sich der Anwesenheit von Chromoxid, das auch dafür verantwortlich ist, dass Rubine unter UV-Licht wie glühende Kohlen fluoreszieren. Bisweilen finden sich in dem Kristallgitter kleinste Eisenbeimengungen, die dem Stein eine leichte bräunliche Trübung verleihen und die Fluoreszenz in bestimmtem Umfang maskieren.

Anhand der bestehenden Einschlüsse (Rutilnadeln, Zirkonkristalle, gefüllte Hohlräume) lassen sich natürliche Steine von synthetischen, durch Einwirken des Menschen entstandenen Steinen unterscheiden.

Die hochwertigsten Rubine stammen aus der burmesischen Mogok-Region; ihre Farbe wird mit der von Taubenblut verglichen. In Thailand verleihen kleinste Eisenspuren den Steinen eine kaum wahrnehmbare Braunschattierung, wohingegen die Rubine aus Sri Lanka eher rosa sind als rot. Die Schmucksteine mit dem hellsten Rosa bezeichnet man gemeinhin als rosa Saphire.

Männliche und weibliche Steine

Neben vielen anderen Schmucksteinen unterteilte man in der Antike auch die Rubine in männliche und weibliche Steine. Die ungewöhnliche Theorie, wonach Edelsteine nach Geschlechtern unterschieden werden können, stammt von dem griechischen Philosophen und Naturforscher Theophrastos und wurde viele Jahrhunderte lang in Griechenland, Europa und weiten Teilen Nordafrikas gelehrt.

Auch der römische Historiker Plinius befasste sich mit dieser Theorie. Er schrieb: »Überdies gibt es in einer jeden Varietät sogenannte ›männliche‹ und ›weibliche‹ Steine, wobei erstere mehr Feuer und Glanz haben als letztere.« Und auch die Fälscher waren damals

Legenden

RUBIN

nicht minder aktiv als heute: »Es heißt, dass die trüberen Steine, wenn 14 Tage in Essig getaucht, einen Glanz zeigen, der viele Monate fortbesteht. Auch kennt man Fälschungen aus Glas.«

Stein des Feuers

Für Plinius waren alle roten Steine gleich: Rubin, roter Granat und roter Spinell bezeichnet er als »carbunculii«, wenngleich sich seine Bemerkung, dass Feuer diesen Steinen nichts anhaben kann, anscheinend nur auf den Rubin bezieht. Auch Epiphanius, der Bischof von Sevilla, dessen Bücher zur Pflichtlektüre der Medizinstudenten gehörten, befasste sich mit dem Thema »Wärme«. Seiner Ansicht nach würden die Rubine eine derartige Hitze erzeugen, dass man mit ihnen das Wasser zum Kochen bringen könne. Außerdem könne man »das in einem Rubin glühende, unauslöschliche Feuer nicht verbergen; es würde durch jedes Tuch oder anderen um ihn gehüllten Stoff hindurchscheinen«.

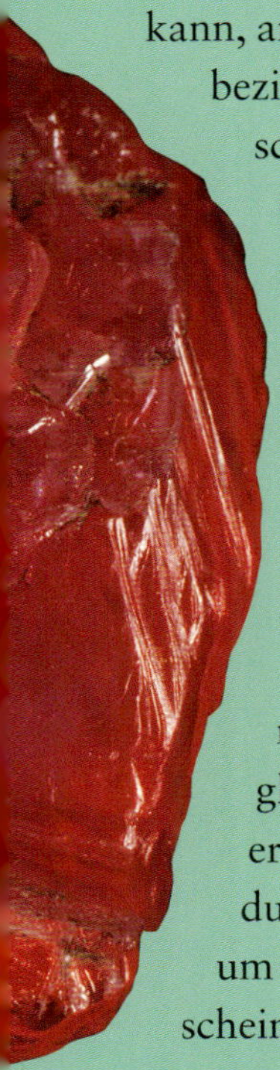

EDWARDS-RUBINKRISTALL, VERMUTLICH AUS BURMA. DER UNTERE TEIL IST FEHLERHAFT.

Im elisabethanischen Zeitalter zeigte man sich von diesem Stein nicht minder beeindruckt. So notierte sich Sir Jerome Horsey, der treue Botschafter der englischen König Elisabeth I., als er an den Hof Iwans des Schrecklichen entsandt wurde, dessen Kommentar über die Tugenden des Rubins: »Oh, welch ein hoher Genuss für das Hertz, Hirn, Krafft und Erinnern des Mannes, klart er doch erstarrtes und verdorbnes Plut.«

FAKTEN UND FANTASIE

»HERR DER RUBINE« WAR EINER DER ZAHLREICHEN TITEL, DIE DEN FRÜHEREN KÖNIGEN VON BURMA ZUTEIL WURDE. SOBALD AUS DEN KÖNIGLICHEN MINEN DER FUND EINES GRÖSSEREN RUBINS GEMELDET WURDE, ENTSANDTE DER KÖNIG EINIGE EDELLEUTE. DIE GESANDTSCHAFT WURDE VON EINER AUF ELEFANTEN REITENDEN MILITÄRESKORTE BEGLEITET, DEREN PFLICHT ES WAR, DEN RUBIN MIT DER GEBOTENEN WÜRDE UND EINEM FEIERLICHEN ZEREMONIELL ZUM PALAST ZU GELEITEN.

OBEN: KUNSTVOLLER INDISCHER HALSSCHMUCK MIT RUBINEN UND DIAMANTEN UNTERSCHIEDLICHER FACETTIERUNG UND GOLDEINFASSUNG.

Reifende Rubine

Wer mit den Edelsteinhändlern von Bangkok ins Gespräch kommt und auf Gegenliebe stößt, erfährt Geschichten darüber, wie die Farbe des Rubins im Laufe der Jahrhunderte im Erdboden heranreift. An einem geschäftlich erfolgreichen Tag kommt vielleicht jene Legende von dem Drachen Naga zur Sprache, der drei Zaubereier legte. Aus dem ersten Ei entstand Pyusawti, der König von Burma, und aus dem zweiten der Kaiser von China. Das dritte Ei brachte alle Rubine hervor, die man bislang in Burma gefunden hat – und jene, die es noch zu entdecken gilt.

Legenden

RUBIN

HEILKRÄFTE

Vom 14. bis weit ins 17. Jahrhundert hinein waren die Ärzte davon überzeugt, mit Hilfe des Rubins die körperliche und geistige Gesundheit seines Trägers erhalten zu können. Im 14. Jahrhundert schrieb Sir John Mandeville, dass jedem Besitzer eines Rubins ein friedliches Zusammenleben mit allen Menschen garantiert sei und außerdem ein ruhiges Leben in dem Bewusstsein, Rang und Besitz niemals verlieren zu können. Jeder, der die vier Ecken seiner Ländereien, dann sein Haus, seinen Weingarten und Obsthain mit seinem Rubin berührt hat, würde vor Blitzschlag, Unwettern und Missernten gefeit sein. Der Rubin hatte angeblich eine noch größere Wirkung, wenn er in Gold eingefasst und als Ring, Armreif oder Brosche auf der linken Körperhälfte getragen wurde.

Der Leibarzt von Cesare Borgia, Camillo Leonardo, schrieb über den Rubin, dass er üble Gedanken, lüsternes Verlangen und verderbliche Ausdünstungen vertreiben und Streithähne

UNTEN: GEMEINER KORUND MIT GESCHLIFFENEN RUBINEN.

FAKTEN UND FANTASIE

RUBINE STEHEN BEI DEN HINDU IN HOHEM ANSEHEN. EDELSTEINE BESTER QUALITÄT BEZEICHNEN SIE ALS »BRAHMINS«. SOLANGE JEMAND ÜBER EINEN BRAHMIN-RUBIN VERFÜGTE, KONNTE IHM ANGEBLICH NICHTS ZUSTOSSEN. ES WAR JEDOCH DARAUF ZU ACHTEN, DASS EIN ECHTER RUBIN NICHT MIT MINDERWERTIGEN RUBINEN IN BERÜHRUNG KAM. ER WÜRDE SONST VERUNREINIGT WERDEN UND VERLÖRE SEINE QUALITÄTEN.

versöhnen könne. In einer Art Handbuch der praktischen Chemie notierte ein gewisser Dr. Schroeder 1669:

»Die Güte des Rubins kann mit Mund und Zunge erprobt werden; die kältesten und härtesten sind die besten. Sie wachsen in einer steinernen Matrix, sind von Rosenfarbe und anfangs weiß und derweil sie mählich reifen, werden sie rot. Sie vermögen Gyfft und Trauer abzuwehren, Wollust und böse Träume zu vertreiben, die Gedanken zu klären und den Leib in Sicherheit zu halten; Unheil verkündigen diese durch eine dunklere Farb.«

Allheilmittel

Von alters her schreibt man dem Rubin zu, Traurigkeit und Alpträume zu vertreiben und seinen Träger vor Heimsuchungen zu bewahren – in einigen Teilen der Welt besteht dieser Glaube bis heute fort. Wie viele rote Steine wurde auch der Rubin auf breiter Front verwendet, um Blutungen zu stillen und entzündungsbedingte Krankheiten zu heilen. Die Ärzte des Mittleren Ostens verschrieben oftmals eine Zubereitung aus gemahlenem, mit Fruchtsaft verrührtem Rubin als Angst lösenden Stimmungsaufheller. Die nach Zerstoßen des Steins in Wasser entstehende Flüssigkeit soll Augenleiden gelindert und die Leberfunktion normalisiert haben.

Im Laufe der Jahrhunderte reifte bei den Kriegern in einigen asiatischen Ländern die Überzeugung, dass der Besitz eines farbenprächtigen Rubins unverletzlich gegenüber allen stählernen Waffen mache, also gegen Schwert, Speer, Dolch und – seit wenigen Jahrhunderten – auch gegen Schusswaffen. Um unbesiegbar zu werden, so hört man in einigen Teilen Burmas, müsse der Stein unter die Haut geschoben werden. Interessanterweise hatte Marco Polo hinsichtlich des Tabaschirs das Gleiche geschrieben (s. Seite 118–119).

Glaube, Hoffnung und Schicksal

Dank ihrer sternförmigen Einschlüsse genießen die »Sternrubine« im gesamten Orient ein hohes Ansehen. Angeblich haben drei gute Geister namens Glaube, Hoffnung und Schicksal, die wegen eines geringfügigen Vergehens in den Stein eingesperrt wurden, diesen Stern geschaffen. Derartige Geister sollen auch im Sternsaphir hausen. Wem es glückt, einen schönen Sternenstein zu erstehen, ist überzeugt, dass sich sein Schicksal zum Besseren wenden wird.

Schädelpyramide

Der berühmte, aus Indien stammende Timur-Rubin befand sich einst im Besitz der Sultane von Delhi und wurde nur zu besonderen Anlässen öffentlich zur Schau gestellt. Es ist historisch verbürgt, dass Delhi von dem barbarischen Timur-Leng von Samarkand erobert und unterworfen wurde. Seine Siegesfeiern fanden mit der Errichtung einer Pyramide aus den Schädeln derer, die er niedergemetzelt hatte, einen schaurigen Höhepunkt.

Später gelangte dieser große Rubin in die Schatzkammer des Großmoguls Jehangir und dann in den Besitz von Schah Jehan, der das Tadsch Mahal errichten ließ. Schließlich wurde er zusammen mit dem Kohinoor, Akbar Schah und weiteren Diamanten des Großmoguls vom persischen Eroberer Nadir Schah als Kriegsbeute konfisziert.

Der Schah von Afghanistan befreite Nadirs Erben aus der Gefangenschaft und wurde dafür mit dem Timur-Rubin belohnt. Nach Eroberung des Reichs der Sikh im Pandschab (1849) bildete der Timur einen Teil der an die Ostindische Kompanie entrichteten Reparationen, die ihn schließlich Königin Viktoria zum Geschenk machte. Der Timur gehört heute zur königlich-britischen Sammlung und ist Bestandteil einer Halskette, die von Elisabeth II. bei Staatsakten getragen wird.

Geschichte

TIMOR-RUBIN

KARNEOL

»Dass nicht die Muse den trüben Karneol verachte,
da man sein wenngleich schwaches Licht wohl achte.«

MARBODUS, BISCHOF VON RENNES (11. JAHRHUNDERT)

Karneol ist eine attraktive, rotbraune Varietät des Chalzedons. In diese Gruppe fallen zahlreiche Steine wie etwa Sarder, Heliotrop (siehe Seite 38), Achat (siehe Seite 66), Chrysopras und Feuerstein (siehe Seite 72).

Viele der heute verwendeten Karneole stammen vom Campo de Maia aus Südamerika, dessen reiche Vorkommen durch Eisennitrat eine wesentlich gefälligere Färbung angenommen haben. Weitere Fundorte sind Warwick im australischen Queensland und das indische Ratnapura, das die besten Qualitäten hervorbringt.

Der Karneol ist seit der Antike bekannt. Der Name ist angeblich von der Kornelkirsche abgeleitet, die die gleiche kräftige Färbung aufweist. In den 1660er Jahren gab Dr. Johann Schroeder eine andere interessante Deutung. Er schreibt: »Es ist ein halb durchscheinender Stein, wie Wasser, worin Fleisch gewaschen, oder gleich blutigem Fleische. Daher man ihn ›Carneolus‹ nennt.«

Der Karneol wird im Exodus als einer der in den Brustschild des Hohepriesters eingelassenen Steine und als einer der Grundsteine des Himmlischen Jerusalem erwähnt.

ÜBERLIEFERUNGEN

In der Antike erkannte man, dass sich Karneol ohne weiteres von Wachs oder Ton löst. Dieses Phänomen nutzte man bei der Fertigung jener prachtvollen Gemmensiegel, die von den Königen und Händlern verwendet wurden.

Die alten Ägypter zählen zu den Völkern, die den Karneol als Schutzstein gebrauchten. Sie bezeichneten ihn als das »Blut der Isis« (der ägyptischen Naturgöttin) und schlugen sogar vor, ihn in eine bestimmte Form zu bringen und bei der Einbalsamierung auf die Kehle des Toten zu legen. Die Anhänger der Isis setzten auf diesen mächtigen Talisman, um den Schutz ihrer Göttin vor möglichen Übeln auf dem Weg durch die Unterwelt zu erbitten. Unter den von den Ägyptern gefertigten Talismanen und Amuletten aus Karneol finden sich Darstellungen von Händen, Fäusten, Augen, Löwen, Bienen, Schakalköpfen, Frö-

Geschichte

◆ KARNEOL

schen und – am häufigsten – Stierköpfen. Der Karneol galt überdies als der Talisman, der einer einsetzenden Übellaunigkeit widerstand. Diese sah man als eine Form der schwarzen Magie an. Da das Unheil der schwarzen Magie oftmals durch das Licht des abnehmenden Monds angekündigt wurde, glaubte man, eine bevorstehende Gefahr durch einen ungewöhnlichen Schimmer auf dem Schutzstein erkennen zu können.

Der böse Blick

In den meisten Ländern des Mittleren Ostens gibt es die weit verbreitete Vorstellung, dass jemand, dem ein übel wollender oder neidischer Blick zuteil wird, sein Vermögen verlieren wird. Wer jedoch einen Karneol trägt, der mit einem entsprechenden Gebet beschriftet ist, soll den gierigen Blicken begegnen können.

Legenden

KARNEOL

Heilkraft

Der Karneol galt einst als ausgezeichnetes Mittel zur Behandlung blutender Wunden. Hierzu Dr. Schroeder: »Sein Pulver ist gut zu trinken gegen jeglichen Ausfluss. Bei sich getragen, heitert er auf, vertreibt die Angst, macht Mut, verhütet Hirngespinste und schützt den Körper vor allen Giften. Er stillt das Blut durch eine sonderliche Eigenschaft; um den Bauch gebunden, erhält er die Leibesfrucht.« Die dem Karneol nachgesagte Heilkraft folgt im Allgemeinen dem Grundsatz, wonach das Erscheinungsbild eines Steins einen Hinweis auf die Anwendung enthält. So etwa wurde das Tragen gelber Steine zur Behandlung von Gelbsucht verordnet. Außerdem soll der Karneol dem Furchtsamen mit dem Mut versehen haben, sich Gehör zu verschaffen. Vor eine Kerze gestellt und intensiv angeschaut, soll er den Übertritt in ferne Welten erleichtert haben.

FAKTEN UND FANTASIE

VERSCHIEDENE ISLAMISCHE VÖLKER SCHREIBEN DEM KARNEOL DIE FÄHIGKEIT ZU, DEN GLEICHMUT DES TRÄGERS BEI EINEM STREIT ZU BEWAHREN. ÜBERDIES VERWENDETEN SIE ZAHNSTOCHER AUS KARNEOL, UM DIE ZÄHNE WEISSER ZU MACHEN, DAS ZAHNFLEISCH ZU FESTIGEN UND ES VOR BLUTUNGEN ZU SCHÜTZEN.

LINKS: EINE HARTE, DUNKLE KRUSTE BEDECKT DIE ORANGEFARBEN GLÜHENDEN KRISTALLE DIESES UNBEARBEITETEN KARNEOLBROCKENS. SEITE 30: DREI POLIERTE STEINE AUS DEM GLEICHEN MATERIAL.

KATZENAUGE

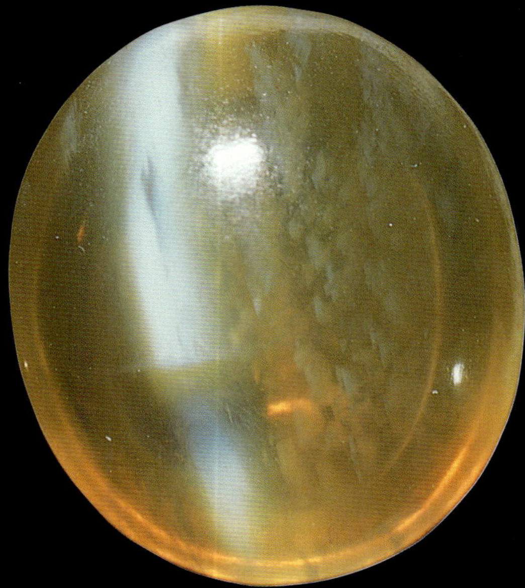

»Wer die Praxis des Steinheilens ausübt, betrachtet das Tigerauge als einen wirkungsvollen Talisman gegen Hypochondrie und alle Formen von psychosomatischen Leiden.«

URSULA MARKHAM: *CRYSTALS AND STONES*

Steine mit einem oder mit mehreren blassen Streifen werden oftmals unter der Bezeichnung »Katzenauge« zusammengefasst. Dieser Begriff bezieht sich vor allem auf Steine mit einer einzelnen weißlichen Linie, die sich zu bewegen scheint, wenn man den Stein gegen das Licht hält und dann dreht. Diesen Effekt, der dem Zusammenziehen einer Katzenpupille gleicht, bezeichnet man als Chatoyieren.

KLASSISCHE KATZENAUGEN

Unterschiedliche Mineralien zeigen diese Eigenschaft, die beim Cabochonschliff besonders klar hervortritt. Die echten Katzenaugen bestehen jedoch aus einem harten Mineral, dem Chrysoberyll; den Katzenaugen-Chrysoberyll bezeichnet man als Cymophan. Der Name »Chrysoberyll« stammt von dem griechischen Wort für »golden«, da der Stein, der bereits in der Antike bekannt war, üblicherweise eine goldgelbe Farbe aufweist. Die Streifen des Katzenaugen-Chrysoberylls entstehen durch dünne, kristalline Stäbchen oder Fasern, die bei der Bildung des Steins in paralleler Lage eingeschlossen werden und das Licht auf eine höchst ungewöhnliche Weise reflektieren. Je feiner die Qualität und je zahlreicher die Einschlüsse, desto auffälliger ist der Lichteffekt.

KATZENAUGEN-QUARZE

Zu den Katzenaugen zählt man auch einige Quarzarten, wenngleich ihre stäbchenförmigen Einschlüsse nicht so fein sind wie die des Chrysoberylls und die reflektierte Lichtlinie weniger markant ist. Erwähnenswert sind die folgenden beiden Quarzarten:

- Das »Tigerauge« ist ein attraktiv glänzender Quarz mit goldbraunen und gelben Streifen, ähnlich denen eines Tigers. Katzenaugen-Quarze bestanden ursprünglich aus einem bläulichen Mineral, dem Krokydolith, dessen Fasern durch Quarz ersetzt wurden. Der Katzenaugeneffekt entsteht durch Reste von Krokydolith; beim Tigerauge erzeugt die Oxidation des Eisens innerhalb dieser Reste einen Farbwechsel nach Goldbraun.

FAKTEN UND FANTASIE

KATZENAUGEN-ALEXANDRIT IST EINE SELTENE, WERTVOLLE FORM DES CHRYSOBERYLLS, DIE BEI TAGESLICHT GRÜN UND BEI KUNSTLICHT HIMBEERROT ERSCHEINT. ALEXANDRIT WURDE AM GEBURTSTAG VON ZAR ALEXANDER II. IM URAL ENTDECKT – DAHER DER NAME.

KATZENAUGENKRISTALLE KOMMEN IN VERSCHIEDENEN FARBEN VOR. UNTEN RECHTS EINE PLATTE AUS TIGERAUGE MIT DEN CHARAKTERISTISCHEN GOLDBRAUNEN STREIFEN.

Legenden

KATZENAUGE

• Beim »Falkenauge« bleibt die bläuliche Färbung des ursprünglichen Steins erhalten.

ABWEHRMITTEL

Die Assyrer verwendeten Katzenaugen für ihre Götterbildnisse. Im Laufe der Geschichte haben verschiedene Völker diese Steine als heilig verehrt und sie als Mittel zur Abwehr von Hexerei und als Schadenszauber geschätzt.

Katzenaugen gelten in Indien seit jeher als Überbringer des Wohlstands – und als Talisman, um den Verlust seiner Güter zu vermeiden. Der Stein soll den Humor fördern und die Entbindung erleichtern. Auf den Hals von Kindern gelegt, die an Keuchhusten leiden, soll er ihnen beim Abhusten helfen.

Katzenaugen schützen Kinder angeblich vor bösen Geistern; wenn sie verbrannt und als Pulver aufgetragen werden, heilen sie vereiterte Augen und dienen der Zahnpflege. Das Pulver soll auch die Wundheilung fördern.

FAKTEN UND FANTASIE

VIKTOR EMANUEL, IM 19. JAHRHUNDERT KÖNIG VON ITALIEN, BESASS OFFENBAR VIELE EIGENTÜMLICHE GEWOHNHEITEN. SO LIESS ER EINEN SEINER ZEHENÄGEL BIS AUF EINE LÄNGE VON UNGEFÄHR ZWEI ZENTIMETERN WACHSEN, BEVOR ER IHN SCHLIESSLICH ABSCHNITT UND ZU EINER ART »SCHMUCKSTÜCK« VERARBEITEN LIESS. ER BEAUFTRAGTE EINEN JUWELIER, DEN NAGEL ZU SCHLEIFEN UND ZU POLIEREN, BIS ER DAS AUSSEHEN EINES KATZENAUGES ANNAHM, UND FASSTE IHN DANN MIT GOLD UND DIAMANTEN EIN. DER KÖNIG SCHENKTE DIESES SONDERBARE JUWEL SEINER GELIEBTEN, DER GRÄFIN MIRAFIORI, DIE AM ENDE 14 DERARTIGE GESCHENKE BESESSEN HABEN SOLL!

TOPAS

TOPASKRISTALLE SIND HART UND PYRAMIDENHAUBIG GEFORMT. JEDE FARBVARIETÄT BESITZT EINE SPEZIELLE BRECHUNGSEIGENSCHAFT.

»Anhand der Signatur ist er von Sonnennatur und soll nächtliche Ängste und Melancholie vertreiben, das Verstehen unterstützen und aufwühlenden Träumen begegnen (an den linken Arm gebunden oder um den Hals gehängt und eingefasst in Gold).

DR. JOHANN SCHROEDER: *COMPLEAT CHYMICAL DISPENSATORY* (1669)

Topas besteht aus harten, pyramidenhaubigen Kristallen, die zum rhombischen System gehören. Die Kristalle sind eine Kombination aus Fluorin und Hydroxyl, die je nach Mengenverhältnis zu unterschiedlich gefärbten Varietäten mit charakteristischen Brechungseigenschaften führen.

EINE FRAGE DER FARBE

Farblose Steine verwendet man oftmals als Diamantersatz. Sie besitzen ein ähnliches spezifisches Gewicht (SG) wie dieser, jedoch eine weitaus geringere Brechzahl (BZ) und weniger »Feuer«. Blaue Steine entsprechen den farblosen in puncto SG und BZ und werden nicht selten für einen Aquamarin gehalten, während gelbe, braune oder rosafarbene Varietäten ein geringeres SG und eine höhere BZ haben als ihre blauen und farblosen Verwandten. Der gelbe, sherryfarbene Stein wird oft bevorzugt.

Roten und rosafarbenen Topas findet man selten, auch wenn in Pakistan kürzlich einige Exemplare entdeckt wurden. Leicht rosafarbener Topas ist meist ein Produkt der »Steinköche«, die braune Topaskristalle in Behelfsöfen wärmebehandeln.

DIESER TOPASKRISTALL MISST 14 × 4 CM UND WURDE IN DER VERMELHAO-MINE IN OURO PRETO (BRASILIEN) ENTDECKT.

Dieses sogenannte »Pinking« lässt bei Überhitzung eine lachsartige Färbung entstehen. Entdeckt wurde dieses Verfahren 1750 durch einen Pariser Juwelier. Er fand heraus, dass gelber brasilianischer Topas sich durch mäßige Hitze rosa verfärbte. Fast jeder heute anzutreffende rosa Schmucktopas ist das Produkt einer solchen Wärmebehandlung. Größere Topasminen befinden sich in Brasilien (Minas Gerais), Russland (Ural), Sri Lanka, Nigeria, Südwestafrika, Irland (Mountains of Mourne), England (Cornwall) und in den USA (San Diego).

Legenden

TOPAS

Altes Gold

Der goldene Edeltopas genoss in der Antike noch keine Sonderstellung, da man alle durchscheinend goldenen Steine als »Chrysolith« bezeichnete, vielleicht nach dem griechischen *kreusos* (Gold) und *lithos* (Stein) oder dem lateinischen *crisos* (Gold) und *oletus* (ganz) – »ganz aus Gold«. Zum Chrysolith zählten auch gelbgrüne Steine und grüner Peridot.

In den alten Manuskripten ist nachzulesen, dass die feinsten Chrysolithe nur auf einer Insel vorkamen, die im Roten Meer trieb und den unheimlichen Namen »Schlangeninsel« trug. Plinius nannte sie »Topazos« (von *topazein:* mutmaßen), da sie nur schwer zu finden war. Den Kreuzfahrern war sie als Insel des Heiligen Johannes geläufig. Auf heutigen Seekarten findet man diese vulkanische Insel unter dem Namen Zabarjad (sie liegt 300 Kilometer östlich von Assuan).

Exklusivrechte

Irgendwann in ferner Vergangenheit erhielten die Inselbewohner von den mächtigen ägyptischen Pharaonen die exklusive Erlaubnis zum Einsammeln der Topassteine. Sie hüteten dieses Privileg derart streng, dass sie entlang der Küste bewaffnete Männer postierten – mit der strikten Anweisung, fremde Boote zu versenken und jeden Eindringling ohne Vorwarnung zu töten. Die Legende besagt, dass auch jene, denen die Suche nach den kostbaren Chrysolithen gestattet war, diese Steine

FAKTEN UND FANTASIE

HEUTZUTAGE WIRD DER BEGRIFF »TOPAS« VON VIELEN HÄNDLERN SO GROSSZÜGIG VERWENDET – OFTMALS IN DEM VERSUCH, ANDERE STEINE VERLOCKENDER ERSCHEINEN ZU LASSEN –, DASS ER GANZ ALLMÄHLICH EINEN NEGATIVEN BEIGESCHMACK ERHÄLT.

BEISPIELE:

- DER SOGENANNTE ORIENTALISCHE TOPAS IST MIT SICHERHEIT KEIN ECHTER TOPAS, SONDERN EHER EIN GELBER CITRIN ODER SOGAR EIN GELBER SAPHIR.
- WÄRMEBEHANDELTER AMETHYST (GEBRANNTER AMETHYST) NIMMT EINE CITRINFÄRBUNG AN UND WIRD WOMÖGLICH ALS MADEIRA- ODER GOLDTOPAS ANGEBOTEN.
- GELBBRAUNER ODER SHERRYFARBENER QUARZ WIRD OFTMALS ALS SCHOTTISCHER TOPAS AUSGEGEBEN, OBWOHL ER VERMUTLICH AUS SÜDAMERIKA STAMMT UND DIE SCHOTTISCHE GRENZE NIEMALS ÜBERQUERT HAT.
- RAUCHQUARZ UND CITRIN WERDEN OFT ALS TOPAS (»GOLDTOPAS«) AUSGEGEBEN.
- »SYNTHETISCHER TOPAS« BEZEICHNET MEIST DEN NACH DEM VERNEUIL-VERFAHREN ERZEUGTEN GELBEN KORUND.
- ZAHLREICHE HÄNDLER BEZEICHNEN DEN ECHTEN GELBEN ODER SHERRYFARBENEN TOPAS ALS »BRASILIANISCHEN TOPAS«.

bei Tag nicht sehen konnten. Erst nach Anbruch der Nacht wurden die Steine sichtbar, da ihr Glanz »wie ein Leuchtturm im Dunkel erstrahlte«. Bei Nacht markierten die Sammler daher die Position der Steine, um sie am nächsten Tag aufzulesen. Auch grüne Chrysolithe (Peridot) verschmähten sie nicht, da sie diese für Smaragde hielten.

Heilkräfte

Epiphanius von Zypern (315–403 n. Chr.) schreibt, dass der Chrysolith (Topas) bisweilen eine milchige Flüssigkeit ausscheide. Diese, so empfahl er, solle man auffangen und als Mittel gegen Tollwut verwenden. Einige Ärzte des 5. bis 10. Jahrhunderts behaupteten, die Wirksamkeit dieser Behandlung nachgewiesen zu haben.

Die römischen Ärzte berührten die geschwürige Haut der Pestopfer mit Chrysolith (Topas), während der Schriftsteller und Bischof Marbod von Rennes (um 1035–1123) empfahl, einen Chrysolith als Anhänger zu tragen, der jedoch nur dann vor bösen Geistern und Alpträumen schützen würde, wenn man ihn an einem Haar von einer Eselsmähne befestigte. In *De Gemmis et Coloribus* (1587) von Jérôme Cardan wird dem Chrysolith unter anderem auch die Fähigkeit zugeschrieben, Irrsinn zu heilen und das Wissen zu vergrößern, »somit Klugheit bewerkstelligend«.

Kühlende Kraft

Da der Topas angeblich rasch abkühlt, wenn man ihn in kochendes Wasser wirft, verwendete man ihn gegen Raserei, Wahnsinn, Jähzorn, Kummer, Ängste, Trübsal und Hirngespinste. Außerdem behauptete man, er wehre Verzauberungen ab, wirke gegen Hämorriden, verhindere einen plötzlichen Tod, stille stark blutende Wunden und behebe Blähungen. In seinem *Compleat Chymical Dispensatory* (1669) merkt Dr. Johann Schroeder an: »Der Chrysolith der Alten, von heutigen Juwelieren Topas genennt, ist ein edler Stein von güldener Farbe. Es gibt zwei Sorten, orientalisch und europäisch.

DER RÖMISCHE FELDHERR MARCUS ANTONIUS LEBTE IM 1. JAHRHUNDERT V. CHR., ALS MAN DEN TOPAS ZUR LINDERUNG DER PESTSYMPTOME VERWENDETE.

Legenden

TOPAS

FAKTEN UND FANTASIE

DEN HINDUS GILT DER TOPAS ALS EIN KALTER UND SAURER STEIN. IN IHREN ASTROLOGISCHEN KARTEN STEHT ER FÜR DEN PLANETEN JUPITER. EIN IN GOLD ODER SILBER EINGEFASSTER, ALS ANHÄNGER GETRAGENER TOPAS SOLL SCHÖNHEIT UND STARKE AUSSTRAHLUNG GEWÄHRLEISTEN, DIE INTELLIGENZ ERHÖHEN UND EIN LANGES LEBEN GARANTIEREN.

Die erste übertrifft die zweite in der Farbe und Härte, denn diese ist gleich Kristall weich; und mit der güldnen Farb besitzt desgleichen Dunkelheit ... Manche geben ihn gegen Fallsucht.«

Visionäre Kräfte

Im Mittelalter weit verbreitet war eine Augenlotion, um die »Trübheit des Gesichts« zu beheben. Die von Hildegard von Bingen dokumentierte Rezeptur sah vor, einen Topas drei Tage und drei Nächte in Wein einzutauchen, wobei die Lösung fünf Tage haltbar war. Der Patient musste seine Augen vor dem Zubettgehen mit der Lotion einreiben, so dass sie den Augapfel leicht benetzte. Bereits die Griechen verwendeten den Topas, den sie in die Spitzen langer Wünschelruten einsetzten, um die Lagerstätten von Gold und anderen Edelmetallen aufzuspüren.

KRISTALLE AUS BLAUEM TOPAS UND GRÜNEM TURMALIN – TOPAS KOMMT IN VIELEN VERSCHIEDENEN FARBEN VOR.

HELIOTROP

»Kein Hoffnung hatten sie, Versteck in einem Spalt zu finden, auch keinen Heliotrop, der zauberte sie aus dem Blicke.«

DANTE (1265–1321): *GÖTTLICHE KOMÖDIE*

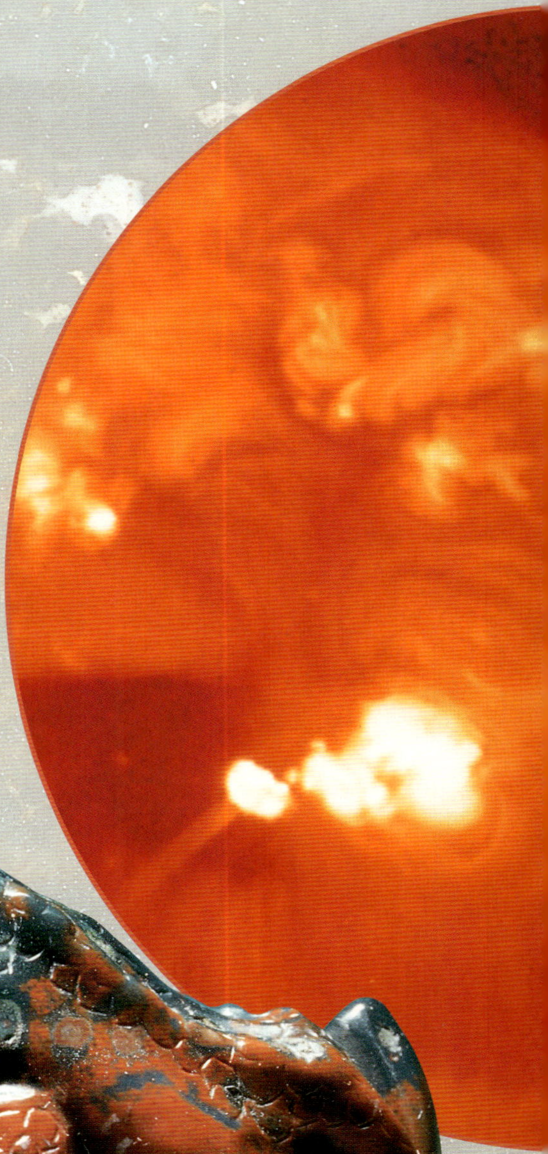

Mit seinen blutroten Flecken aus Eisenoxid gilt der Heliotrop als eine der attraktivsten Varietäten des grünen Jaspis. Sein Name setzt sich aus den beiden griechischen Wörtern *helios* (Sonne) und *tropos* (wenden) zusammen. Dies bezieht sich auf die altbekannte Beobachtung, dass der in Wasser getauchte Stein die über ihm stehende Sonne als blutrotes Abbild einfängt. Plinius schrieb, dass außerhalb des Wassers »derselbe Stein das Sonnenlicht wie ein Spiegel einfängt und Sonnenfinsternisse aufspürt, den Lauf des Mondes zeigend, während er sich der Sonnenscheibe nähert.«

Folgt man einer Legende über die Kreuzigung Jesu, so tropfte das Blut aus einer seiner Wunden auf einen dunkelgrünen, am Fuße des Kreuzes liegenden Jaspis, sodass der Heliotrop entstand. Die Legende hielt sich bis über das Mittelalter hinaus und verschiedene Bildhauer haben das Haupt Christi mit großem Geschick aus Heliotrop nachgebil-

Legenden

◆ HELIOTROP

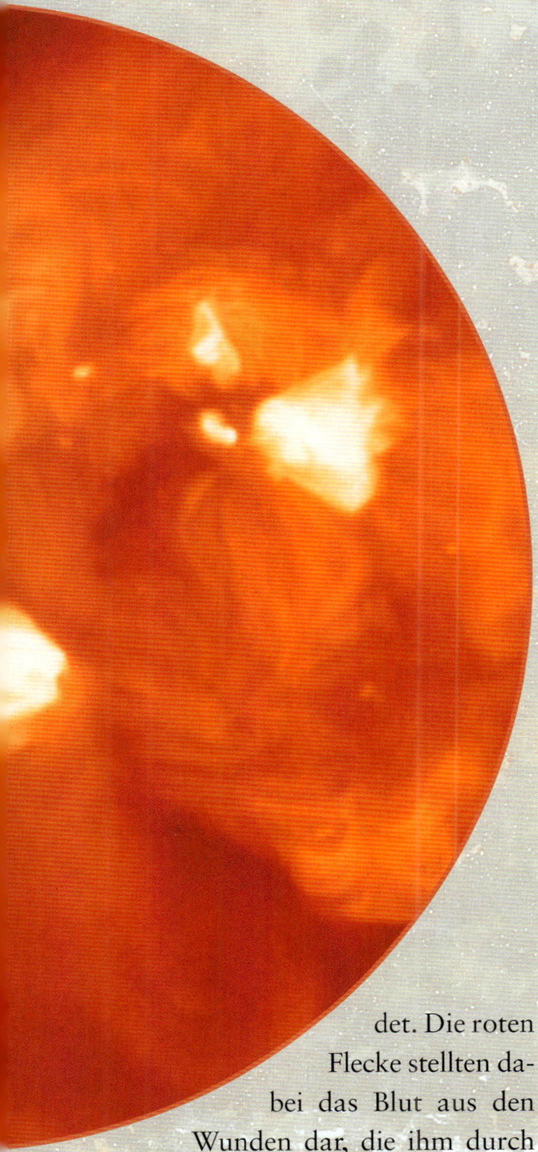

DER STRAHLENKRANZ DER SONNE, FOTOGRAFIERT VOM FORSCHUNGSSATELLITEN »YOHKOH«.

det. Die roten Flecke stellten dabei das Blut aus den Wunden dar, die ihm durch die Dornenkrone zugefügt wurden.

Der Stein des Blutes

Die Heilkraft des früher von den Ärzten auch als »Blutstein« (Lapis Sanguinarius) bezeichneten Heliotrops wurde jahrhundertelang von den Ureinwohnern Südamerikas genutzt und war auch den europäischen Siedlern bekannt, die sich ab dem 17. Jahrhundert in »Neuspanien« niederließen. Hierzu schrieb der Schriftsteller Menardes: »Seine Krafft ist weit größer als die jedes anderen edlen Steins, denn er beseitigt jeglichen Blutfluss. Wir sahen einige, die unter blutigen Hämorrhoiden litten und Heilung fanden, indem sie Ringe aus diesem Stein stets um den Finger trugen.«

LINKS: HELIOTROP IST GRÜNER, ROT GEFLECKTER JASPIS. DIESEN FROSCH FERTIGTE PAUL DREHER.

In einem alten spanischen Manuskript über Westindien heißt es: »Aus dem Neuen Spanien man bringt einen tugendsamen Stein, geheißen ›Stein vom Blute‹. Dieser Blutstein ist eine Art von Jaspis, doch andrer Farb, recht dunkel, voll der Flecke roten Bluts. Seine Bewandtnis ist für den Fluss von Blute und aus Wunden.«

Reine Magie

Leonardo, der Leibarzt der Borgias, berichtet: »Falls er (der Heliotrop) mit dem Saft des gleichnamigen Gewächses (siehe rechts) berieben wird, täuscht er den Blick in der Art, dass er den Träger unsichtbar macht. Er dient dazu, seinem Besitzer Sicherheit und ein langes Leben zu bescheren, und außerdem stillt er Blutungen. Auch Gifte unterwerfen sich ihm.«

In seinem *Celestial Intelligencer* von 1801 knüpft Prof. Francis Barrett an die Fabel über die magischen Eigenschaften des Steins an, wenn er schreibt: »Das Heliotropium, grün wie ein Jaspis oder Smaragd, besät mit roten Sprenkeln, macht seinen Träger beständig, geachtet und berühmt und bewirkt ein langes Leben. Eine nicht minder wunderbare Eigenschaft ist die: Derart verwirrt er den Blick der andren, dass der Träger unsichtbar wird; doch dazu muss verwendet werden das Kraut *Heliotropium* oder *Sonnenwende*.«

FAKTEN UND FANTASIE

DIE PFLANZE, DIE EBENFALLS DEN NAMEN HELIOTROP TRÄGT, IST MIT DEM GLEICHNAMIGEN STEIN ENG VERBUNDEN UND SOLL VIELE SEINER KRÄFTE BESITZEN. BISWEILEN ALS »LIEBESBLUME« BEZEICHNET, WURDE SIE UM 1730 ERSTMALS VON PERU NACH FRANKREICH EINGEFÜHRT UND BESITZT KLEINE WEISSE ODER PURPURNE BLÜTEN. IN DER GRIECHISCHEN MYTHOLOGIE VERLIEBTE SICH DIE WASSERNYMPHE KLYTIA IN PHOIBOS (DEN SONNENGOTT APOLLON). SIE GERIET IN EIFERSUCHT UND VERRIET IHN, NACHDEM ER EINE VESTALISCHE JUNGFRAU ENTFÜHRT HATTE, WONACH DAS ARME GESCHÖPF LEBENDIG BEGRABEN WURDE – DIE ÜBLICHE BESTRAFUNG FÜR ENTEHRTE VESTALINNEN. PHOIBOS WANDTE SICH VON KLYTIA AB, DIE SICH OHNE SPEIS UND TRANK ZU EINEM FLUSSUFER BEGAB UND MIT LIEBESKRANKEN AUGEN ZUSAH, WIE ER MIT DEM WAGEN ÜBER DEN HIMMEL DAHINZOG. SCHLIESSLICH ERBARMTEN SICH IHRER DIE GÖTTER UND VERWANDELTEN SIE IN DAS HELIOTROP, DAS IM GRIECHISCHEN JEDE BLUME BEZEICHNET, DIE DER SONNE FOLGT.

AUS FRANKREICH WURDE DIE BLUME IN DIE KOLONIEN NORDAMERIKAS AUSGEFÜHRT. DORT ENTSTAND DIE LEGENDE, SIE WÜRDE JEDEN, DER EINE SPEZIELLE BESCHWÖRUNGSFORMEL SAGT UND EIN STÜCK VON IHR IM SCHUH TRÄGT, UNSICHTBAR MACHEN KÖNNEN.

SMARAGD

»Kein Smaragd mag je so schön
in dem feinen Golde stehn,
keine Rose mag im Lenzen
dir gleich, schöne Blume, glänzen.«

PAUL GERHARDT (1607–1676)

Smaragd ist eine Varietät des Berylls (Aluminium-Beryllium-Silikat) und gehört dem hexagonalen Kristallsystem an. Seine grüne Farbe verdankt der Smaragd der Tatsache, dass einige der Aluminiumionen im Kristallgitter während der Entstehung durch Chromionen ersetzt werden. Die meisten Kristalle sind stark verunreinigt und Smaragd kommt nur selten in Reinform vor.

Die Königin von Saba

Der Smaragd war den Ägyptern und anderen alten Kulturen bereits seit mindestens 2000 v. Chr. bekannt. Die meisten Smaragdminen befanden sich in der Nähe des Roten Meers nicht weit von Oberägypten. Die bemerkenswertesten dieser im Sabarah-Gebirge gelegenen Minen dürften im Besitz der Königin von Saba gewesen sein. Hier glaubte man, böse Geister würden die Smaragde hüten. Es ging die Legende, die Steine aus dieser Mine würden im Wechsel der Jahreszeiten ihre Größe und je nach Mondphase ihre Farbe verändern.

Diese Mine war viele Jahrhunderte lang verwaist, da die genaue Lage in Vergessenheit geraten war. Wieder entdeckt wurde sie, nachdem der französische Forschungsreisende Frédéric Cailliaud in behördlichem Auftrag entsprechende Sucharbeiten durchgeführt hatte. Nachdem er die Mine 1818 lokalisiert und er die dort wahllos verstreuten Werkzeuge protokolliert hatte, gelangte er zu der Annahme, dass die Mine bereits zu einem früheren Zeitpunkt, jedoch lange nach dem Tod der Königin, wieder entdeckt worden sei und dass man die Schächte weiter vorangetrieben habe.

Spirituelles

Im ägyptischen *Totenbuch* findet sich eine Schilderung, wie die alten Ägypter den Smaragd von ihrem Mondgott Thot zum Geschenk erhielten. Da seine Farbe an den Frühling erinnerte, wurde der Stein der ewigen Jugend gewidmet. Aus diesem Grund wies das *Totenbuch* die Einbalsamierer an, den Hals der Mumie mit Smaragden zu belegen, um

DIE HIER ZUSAMMEN MIT KÖNIG SALOMO ABGEBILDETE KÖNIGIN VON SABA BESASS EINIGE SMARAGDMINEN.

◆ *Geschichte*
◆ SMARAGD

SPANISCHER SCHMUCK AUS SMARAGDEN UND GOLD (18. JAHRHUNDERT).

zu gewährleisten, dass die Glieder der wandelnden Seele auf ihrer langen Reise durch die Unterwelt eine jugendliche Spannkraft bewahrten und sie vor Unheil bewahrt blieb.

Auch in der Geschichte verschiedener Religionen, einschließlich des Christentums, sind Smaragde von Bedeutung. Wie andere Edelsteine wurden beispielsweise auch Smaragde (zu einem Amulett verarbeitet) getragen, um den Betreffenden auf spirituelle Dinge zu lenken. Der Bischof Andreas von Caesarea weihte den Smaragd dem Apostel Johannes und seiner Fähigkeit, die Seelen der Sünder zu besänftigen.

Wie es heißt, waren zwölf verschiedene Edelsteine in den Brustschild des hebräischen Hohepriesters eingelassen, jeder mit dem Namen eines der zwölf Stämme Israels graviert. Einer der Steine war ein Smaragd, der den Namen »Gad« trug. Auch das Himmlische Jerusalem soll auf zwölf Grundsteinen errichtet worden sein, »verziert mit aller Art edler Steine« – den vierten Grundstein bildete ein Smaragd.

Juwelen dienen den Moslems als religiöse Konzentrationshilfe und Smaragde verkörpern ihren ersten Himmel. In Indien brachte das Opfern eines Smaragds an eine Gottheit Einsicht in die Seele und zog das ewige Leben mit sich.

Der Stein des Eroberers

Während und noch lange nach den Kreuzzügen in das Heilige Land meinte man mit dem Wort »Smaragd« einen beliebigen grünen Schmuckstein; zu weiteren Unterscheidungen waren die meisten Menschen damals nicht in der Lage. Riesige Mengen grüner, für höchst wertvoll erachteter Steine wurden von den Kreuzfahrern gehandelt oder erbeutet und für Kronen, Diademe oder Körperschmuck verwendet. Meist handelte es sich um Chrysolith, der heute als Peridot bezeichnet wird.

Der Tag der Konquistadoren

Wie es heißt, sollen die spanischen Eroberer, die im 16. Jahrhundert Südamerika überrannten, auf einen Smaragdschatz gestoßen sein. Die Ureinwohner des peruanischen Manta-Tals besaßen jedenfalls einen gewaltigen Smaragd, der jeden privilegierten Betrachter mit Ehrfurcht erfüllte. Der Stein hatte der Legende nach die Größe eines Straußeneis und galt gemeinhin als Verkörperung der Göttin Esmeralda, die anlässlich verschiedener religiöser Feste verehrt wurde. Die Festgemeinde opferte ihr so viele göttliche »Töchter« (kleine Smaragde), wie sie es sich leisten konnte.

Im Zuge der Eroberung Perus plünderten spanische Truppen den Sonnentempel und erbeuteten dabei eine umfangreiche Sammlung von Smaragden – den Tempel der Esmeralda fanden sie jedoch nicht. Um ihre Göttin dem Zugriff der Konquistadoren zu entziehen, hatten die obersten Priester das Objekt ihrer Verehrung nämlich so gut versteckt, dass Esmeralda und ihr Tempel bis heute unentdeckt blieben.

LÄNGLICHER, PRISMENFÖRMIGER SMARAGDKRISTALL, IN KALKSPAT EINGEBETTET.

Legenden

SMARAGD

In der Heimat des Esmeralda-Schatzes kursierten faszinierende Vorstellungen über Smaragde. So glaubten die Peruaner, die Smaragde würden wie Früchte reifen, als farblose Steine beginnend und – mit der sonnennächsten Seite zuerst – zunehmend grüner werden.

ALLHEILMITTEL

Von einem im 18. Jahrhundert tätigen Dr. Rowland wissen wir, dass Smaragdsalze und -tinkturen »thun Wunder bei Dysenterie und anderem Ausfluss, und sind gut bei Kranksein des Herzens und Kopfes, bei Herzklopfen, Trübsinn, Raserei und Ohnmacht«.

Die östlichen Ärzte verfügten über eine noch längere Liste von Krankheiten und Leiden, die der Smaragd zumindest lindern konnte:

- Epilepsie,
- körperliche und seelische Schmerzen,
- Erbrechen, schlechtes Blut,
- Wespen-, Bienen- sowie Skorpionstiche,
- erhöhtes Durstgefühl (Diabetes),
- Gelbsucht, Leberbeschwerden, Einschnürungen,
- Lepra (Umschläge aus fein gemahlenem Smaragd).

Wegen seiner Farbe wurde der Smaragd mit der römischen Waldgöttin Diana (der griechischen Artemis) in Verbindung gebracht, die auch als Beschützerin der Frauen, jungen Mädchen und der Gebärenden galt. Aus diesem Grund sagt man dem Smaragd nach, er besitze die Macht, Schwangere vor Unheil zu bewahren und für eine leichte Geburt zu sorgen.

SMARAGDAUGEN

In seiner *Naturalis historia* erwähnt Plinius ein Marmordenkmal, das auf dem Grabhügel des

DER SMARAGD GILT ALS TALISMAN DER SCHWANGEREN UND ENTBINDENDEN.

SMARAGDE UND DIAMANTEN SIND EINE GELUNGENE KOMBINATION.

zypriotischen Fürsten Hermias stand. Das Denkmal bestand aus einem Löwen, der auf Tunfisch-Fanggründe herabblickte. Die Augenhöhlen des marmornen Löwen trugen Smaragde, die der Legende nach »sogar unter der See« so hell erstrahlten, dass die Tunfische verängstigt das Weite suchten.

Die örtlichen Fischer wunderten sich mehrere Monate über ihre vergeblichen Mühen, bis sie die Smaragdaugen der Statue als eigentliche Ursache verdächtigten. Sie bestanden darauf, dass sie gegen andere grüne Steine ausgetauscht wurden, und schon bald, so Plinius, kehrten die Fische zurück.

In seinem Handbuch der Juwelen schreibt der geachtete Edelsteinkenner Ahmed-ben-Abdalaziz im 17. Jahrhundert, dass Kriechtiere und Schlangen geblendet werden, wenn sie den leuchtend grünen Glanz eines Smaragds erblicken. Die antiken Ärzte glaubten, dass der Smaragd Entzündungen und Infektionen der Augen lindern oder heilen konnte, meist indem er auf die Augen der Patienten gelegt wurde.

Smaragde sollen auch das Sehvermögen fördern. Kaiser Nero soll ein Augenglas aus einem großen Smaragdkristall zum Lesen benutzt haben. Außerdem soll er diese Sehhilfe verwendet haben, um die Gladiatorenkämpfe besser betrachten zu können.

Tatsächlich dürfte es Neros legendäres Augenglas in dieser Form jedoch nicht gegeben haben, da bei Smaragdkristallen stets Einschlüsse vorliegen. Seine Sehhilfe bestand vermutlich aus hellem Aquamarin oder farblosem Beryll, zwei damals sehr verbreiteten Brillenmaterialien.

FAKTEN UND FANTASIE

- DIE ANTIKEN ASTROLOGEN WIDMETEN DEN SMARAGD DEM GEFLÜGELTEN GÖTTERBOTEN HERMES. REISENDE UND SEELEUTE FÜHRTEN EINEN SMARAGD ALS TALISMAN MIT, DER IHNEN DEN WEG EBNEN, DIE WOGEN GLÄTTEN UND IHNEN GUTES GELINGEN BESCHEREN SOLLTE.
- ELTERN, DIE IHRE KINDER VOR LEPRA UND PEST SCHÜTZEN WOLLTEN, BANDEN IHNEN SMARAGDANHÄNGER UM DEN HALS.
- SMARAGDTALISMANE VERWENDETE MAN OFTMALS ZUR AUSTREIBUNG VON DÄMONEN.
- DER SMARAGD GALT LANGE ZEIT ALS STEIN DER LIEBENDEN, DER ANGEBLICH SEINE FARBE VERLOR, FALLS EINER DER PARTNER UNTREU WAR.
- VON EINEM SMARAGD ZU TRÄUMEN, VERHEISST EINE VIEL VERSPRECHENDE ZUKUNFT UND DIE ERNEUERUNG ALTER FREUNDSCHAFTEN.

BERUHIGENDER ANBLICK

Grün gilt gemeinhin als beruhigende Farbe. Schauspieler, die sich im »grünen Raum« eines Theaters ausruhen, äußern, dass das Grün der Wände die Nerven beruhige und erholsam für die durch das grelle Bühnenlicht überanstrengten Augen sei.

Außerdem ist überliefert, dass die Graveure von Zeit zu Zeit auf einen Smaragdkristall schauten, um ihre Augen zu entspannen.

JADE

»In der Ebenmäßigkeit des Steins erkannte der Mensch die Mildtätigkeit; mit seinem starken Glanz fängt er Wissen und Bildung ein; seine Stärke und Festigkeit stehen für Redlichkeit, seine Seltenheit für Reinheit; und seine Stabilität sorgt für Beharrlichkeit.«

KWAN CHUNG (7. JAHRHUNDERT V. CHR.)

Bis ins 19. Jahrhundert hinein unterschied man bei der Jade noch nicht zwischen Nephrit und Jadeit. Ähnlich im Aussehen, waren beide Steine fein und hart genug, um in der Antike zu Schneidwerkzeugen und Waffen geformt zu werden. Seither werden sie bei den unterschiedlichsten Techniken der Steinbearbeitung verwendet.

JADEIT

Der französische Chemiker Damour erkannte den Jadeit 1863 als eigenständigen Stein, nachdem er zwei aus China stammende Jadeproben analysiert hatte. Da der Nephrit bereits fest etabliert war, nannte er den zweiten Stein Jadeit.

Jadeit ist die kostbarere, seltenere und härtere der beiden Jadeformen. Es handelt sich um derben, dichten und feinkörnigen Pyroxen, ein kryptokristallines Mineral, das zum monoklinen Kristallsystem gehört.

Die Farben des Jadeits sind Weiß, Rosa, Gelb, Malve, Grün und Schwarz. Die begehrteste Farbe ist ein intensives Apfelgrün. Dieser markante Farbton ist extrem selten und ungemein attraktiv, weshalb die Kaiserin von China eine Anordnung erließ, ihr sämtliche Erzeugnisse aus apfelgrüner Jade zur Aufnahme in die kaiserliche Sammlung zu überlassen. Wie es in einem Bericht heißt, war diese Sammlung in 3 000 Elfenbeinschränken untergebracht. Apfelgrüne Jade wurde aus diesem Grund als »Kaiserjade« bekannt. Für die Fleckenfärbung ist das Übergangselement Chrom verantwortlich.

NEPHRIT

Nephrit ist ein Vertreter der zur Amphibolgruppe gehörenden Hornblen-

JADEIT IST DIE KOSTBARERE DER BEIDEN JADEFORMEN.

FAKTEN UND FANTASIE

BIS ZUM AUFKOMMEN DER ROTIERENDEN SCHNEIDWERKZEUGE MIT DIAMANTSPITZE KONNTE MAN MIT HILFE EINER EINFACHEN ZEHNFACHLUPE ZWISCHEN JADEIT UND NEPHRIT UNTERSCHEIDEN. DIE OBERFLÄCHE DES JADEITS IST NÄMLICH MIT WINZIGEN VERTIEFUNGEN ÜBERSÄT, ÄHNLICH DER SCHALE EINER ORANGE. HEUTZUTAGE ERZEUGT DAS DIAMANTWERKZEUG BEI BEIDEN MATERIALIEN EINE EBENE UND HOCHGLÄNZENDE OBERFLÄCHE.

den und fällt ebenfalls in das monokline Kristallsystem. Unter dem Mikroskop erkennt man, dass dieses Mineral aus faserigen Kristallen besteht, die zu einem sehr festen Gebilde miteinander verfilzt sind. Seine Farbe reicht von Grün, Grau oder Weiß bis Braun und Gelb. Der oft als Neuseeland-Jade bezeichnete Nephrit ist stärker verbreitet als Jadeit.

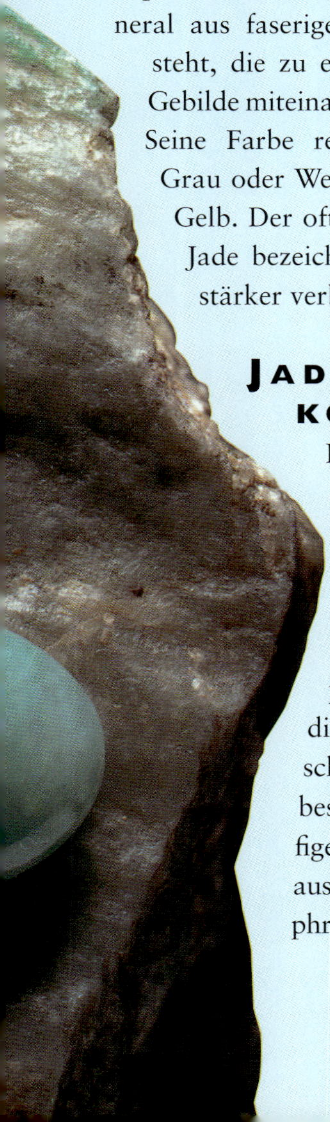

Jadevorkommen

Die chinesischen Jadeschnitzereien sind berühmt, doch viele Jahre lang mussten die Rohstoffe importiert werden; die frühen chinesischen Erzeugnisse bestehen daher häufiger aus Nephrit als aus Jadeit. Der Nephrit kam aus Turkestan und dem Kuen-Lun-Gebirge. Zusammen mit einer fast 3 000 Kilometer langen Reise bis Peking war seine Gewinnung aus Flussbetten und losen Gesteinsblöcken ein schwieriges Unterfangen. Mitte des 19. Jahrhunderts entdeckte man Nephrit-Findlinge in den Flüssen südwestlich des sibirischen Baikalsees und verfügte somit über eine weitaus besser zugängliche Quelle.

Erste chinesische Jadeschnitzereien

Die Chinesen begannen erst im 18. Jahrhundert damit, Jadeit zu bearbeiten. Dieser kam aus Burma und hatte somit eine nicht minder mühsame Reise hinter sich. Burma ist noch heute der wichtigste Lieferant.

Als 1769 eine schriftliche Abmachung den anhaltenden Kriegen zwischen den chinesischen Herrschern und dem wilden Kachin-Stamm ein Ende bereitete, konnten nun auch die Jadeitvorkommen in den Kachin-Hügeln genutzt werden.

Der chinesische Jadeit wird heute als Ganggestein oder in Form von Stromsteinen aus dem Uro, einem Nebenfluss des Irrawaddy, gewonnen. Ein sehr bedeutendes Vorkommen befindet sich bei Taumau, einem westlich von Sanka fast 500 Meter über dem Fluss liegenden Dorf.

Der Gangstock von Taumau hat eine Stärke von annähernd sechs Metern und erstreckt sich über mehrere Kilometer. Die Jadeblöcke gelangen über Mogaung, Mandalay und Rangun nach Hongkong, Kanton und in andere chinesische Zentren.

Der Name der Jade

Als *yu* bezeichnete man jenen Nephrit, der aus dem östlichen Turkestan bis in die Ateliers der chinesischen Meister gelangte. Zufällig ist dieses Wort im Chinesischen zugleich auch der Oberbegriff für alle edlen Schmucksteine. Die Entstehung des Wortes »Jade« geht auf die Unterwerfung Südamerikas durch den berühmten spanischen Eroberer Cortez zurück.

Seinerzeit verwendeten die Azteken, Tolteken und Olmeken einen harten, grünen Stein zur Behandlung der unterschiedlichsten Nierenleiden, weshalb ihn die Spanier *piedra de ijada* (»Hüftstein«) nannten.

Seit diesen prosaischen Anfängen verbreitete sich der Name »Jade« in Europa und in der ganzen Welt.

JADEANHÄNGER DER MAORI (18. JAHRHUNDERT). DERARTIGE ANHÄNGER WAREN BEGEHRTE ERBSTÜCKE INNERHALB DER EINZELNEN STAMMESGRUPPEN.

Legenden

JADE

Eine Legende, die bis in das assyrisch-babylonische Zeitalter zurückreicht, erzählt die fesselnde Geschichte vom Abstieg der berühmten Göttin Ischtar in den Hades (die Unterwelt).

Bei jedem der sieben Tore, die Ischtar passieren musste, gab ihr ein Wächter die Anweisung, ein Kleidungsstück abzulegen. Beim fünften Tor entfernte die große Göttin ihren Jadegürtel – wobei man der Jade nachsagte, dass er der Gebärenden helfe. Diese Legende veranlasste zahlreiche Hebammen, den Stein zu ihrem Talisman zu machen.

STÄRKUNGSMITTEL

Um 500 n. Chr. empfahlen chinesische Ärzte die Einnahme fein zermahlener Jade zusammen mit Fruchtsaft gegen Sodbrennen, Asthma und das bei Diabetes entstehende Durstgefühl.

Dieser Trunk wurde für einen längeren Zeitraum verordnet, denn er galt überdies als allgemeines Stärkungsmittel, das die Nerven beruhigt und Angstzustände lindert. Eine kräftige Stimme und glänzendes Haar sind nur zwei weitere angebliche Effekte.

Die Ärzte glaubten, das Pulver würde den Verdauungstrakt unverändert passieren und der Körper des Patienten würde allein die wünschenswerten Eigenschaften in sich aufnehmen.

FAKTEN UND FANTASIE

SELBST DER BERÜHMTE RÖMISCHE ARZT CLAUDIUS GALENUS TRUG EINE HALSKETTE AUS NEPHRIT, DER SEINEN ANGABEN NACH DIE MACHT HATTE, AUFTRETENDE MAGENBESCHWERDEN ZU VERTREIBEN.

SIGNATURENLEHRE

Noch vor wenigen Jahrhunderten war in ganz Europa die Vorstellung verbreitet, Jade würde gegen geschwollene Gliedmaßen und Nierenkoliken helfen, wenn man sie an den betroffenen Körperteilen befestigte.

Viele der damaligen Ärzte waren Anhänger der »Signaturenlehre«, wonach jeder Stoff, der einem Körperteil des Menschen ähnelte, angeblich einen heilsamen Einfluss auf die betreffende Region ausübt. Für die Jade bedeutete dies Folgendes:

- Purpurfarbener Nephrit mit gelben Bänderungen und schwarzen Flecken ähnelt einem Schnitt durch die Milz und vermag dieses Organ daher positiv zu beeinflussen.
- Tiefrote Jade mit gelben Flecken und Körnungen gleicht einem Schnitt durch die mit Galle bespritzte Leber und wurde daher gegen Gallenleiden empfohlen.
- Wie die meisten roten Steine wurde auch dunkel-

DIESER ANHÄNGER ZEIGT DEN BEI DER JADE AM HÖCHSTEN GESCHÄTZTEN FARBTON – EIN PRÄCHTIGES APFELGRÜN.

rote Jade auf tiefe Wunden gelegt, um Blutungen zu stillen.

Noch Mitte des 17. Jahrhunderts empfahl man, ein Stück Jade um Arm, Hüfte oder Hals zu binden, um Nierensteine auszutreiben und Magenschmerzen zu beheben.

JADESCHMUCK

Viele Menschen trugen Armreife aus Jade in dem Glauben, drohende Krankheiten abschütteln zu können. Jadeamulette sind heute vor allem in China populär; ihre unterschiedlichen Formen entsprechen dem jeweils beabsichtigten Zweck. Ein Talisman in Form eines Vorhängeschlosses soll die Kinder vor Krankheiten schützen.

Eine bekannte chinesische Legende erzählt die Geschichte eines Schmetterlingssammlers. Eines Tages folgte der junge Mann einem prachtvoll gefärbten Schmetterling in den Garten eines mächtigen Mandarins, wo er einem lieblichen Mädchen begegnete. Anstelle einer Bestrafung für den unberechtigten Zutritt gewann er das Mädchen zur Braut. Seither tauschen die Verlobten Schmetterlinge aus Jade aus. Kwan Chung vertrat im 7. Jahrhundert v. Chr. folgende Ansichten:

- Die Ebenmäßigkeit der Jade gleicht der Mildtätigkeit.
- Ihr hoher Glanz fördert das Wissen.
- Ihre Stärke und Festigkeit deutet auf Redlichkeit.
- Ihre Seltenheit kommt der Reinheit gleich.
- Ihre Stabilität symbolisiert Beharrlichkeit.
- Der angenehme Ton, den sie abgibt, wenn man sie anschlägt, klingt wie Musik.

SEIT LANGEM GLAUBT MAN, DASS ARMREIFE AUS JADE IHREN BESITZER VOR KRANKHEIT SCHÜTZEN. SOLCHE ANSEHNLICHEN REIFE SIND VOR ALLEM IN CHINA SEHR BELIEBT.

FAKTEN UND FANTASIE

ES GAB EINEN KÖNIGSHOF, DER SICH EINIGER STEINGLOCKEN AUS KLEINEN JADEPLATTEN RÜHMEN KONNTE. ALLE GLOCKEN HATTEN EXAKT DIE GLEICHE GRÖSSE. DER TON WURDE ALLEIN DURCH DIE STÄRKE DER PLATTEN BESTIMMT. DIE GLOCKEN ERTÖNTEN, UM HÖFISCHE EREIGNISSE EINZULÄUTEN UND RELIGIÖSE ZEREMONIEN ZU AKZENTUIEREN.

MALACHIT

»(der Stein) stärkte Magen, Kopf und Nieren; er verhütete Schwindelanfälle und Leistenbrüche und bewahrte den Träger vor bösem Zauber, Verführung, Stürzen und Unfällen.«

KOZMINSKY: *THE MAGIC AND SCIENCE OF JUWELS AND STONES (1922)*

Malachit besteht aus Kupferkarbonat. Seine grünen Schichten ähneln dem sanften Grün der Eibischpflanze. Der Name dieses Steins wurde von dem griechischen Wort für die Farbe dieser Pflanze – *malache* – abgeleitet.

DIE MINEN DES KÖNIG SALOMO

Malachit wurde in großen Mengen in den Minen des alten Ägypten und Israels abgebaut, wobei man auch Gänge in die zwischen Suez und Sinai gelegenen Hügel trieb. Ein weiteres Vorkommen gab es in den Kupferminen des König Salomo in der Nähe von Eilat am Roten Meer. Heute gewinnt man in dieser Region ein Aggregat aus Malachit, Türkis und Chrysokoll. Dieses Konglomerat wird »en cabochon« zu den sehr beliebten »Eilatsteinen« verarbeitet, die in hochpoliertem Zustand eine blaue und grüne Äderung aufweisen. Auch die Griechen und Römer schätzten den Malachit sehr, aus dem sie zahlreiche Schmucktalismane anfertigten.

KOSMETIK UND ARCHITEKTUR

Malachit wurde im Laufe der Jahrhunderte in unterschiedlicher Weise zu Schmuckzwecken verwendet. Neben seiner anhaltenden Beliebtheit als Körperschmuck benutzten die Ägypterinnen ein feines Malachitpulver als Make-up für ihre Augen, Augenbrauen und Wimpern und zur Haartönung. Dieses Pigmentpulver findet noch heute in der Malerei Verwendung.

Die Architekten griffen lange Zeit auf polierte Malachitplatten und -mosaiken zurück, um ihre Bauwerke zu schmücken. Herrliche malachitverkleidete Säulen zierten die Bauten des zaristischen Russland wie in der Isaaks-Kathedrale von St. Petersburg. Die Säulen der Hagia Sophia in Istanbul sind ebenfalls mit Malachit verkleidet.

MALACHIT MIT MUSCHELFÖRMIGER BÄNDERUNG AUS SAMBIA.

Geschichte

MALACHIT

Legenden

MALACHIT

PFAUENSTEINE

Das komplexe Muster mancher Malachitsteine scheint einem Auge zu gleichen. Derartige Exemplare bezeichnet man als »Pfauensteine«, da ihre Farben und Strukturen dem »Auge« der Pfauenfeder ähneln. Amulette aus Malachit sollten den bösen Blick abwehren. Solche Amulette sind vor allem in Italien populär, wo man zur Bekämpfung von üblen Einflüssen auch Korallenfinger trägt.

FAKTEN UND FANTASIE

UM VOR DEM BÖSEN BLICK ZU SCHÜTZEN, SOLLTE DER MALACHIT SO ZU EINEM DREIECK GESCHNITTEN SEIN, DASS DIE EINZELNEN SCHICHTEN EIN AUGENARTIGES BILD ERGEBEN UND IN SILBER EINGEFASST WERDEN. LAUT MITTEILUNG DER FRANZÖSISCHEN SOCIÉTÉ D'ANTHROPOLOGIE (1900) ENTDECKTE MAN IN EINEM ETRUSKISCHEN GRAB IN CHIUSI EINEN DREIECKIGEN TALISMAN MIT EINEM AUGE IN JEDER DER DREI ECKEN.

Auch Kamineinfassungen, Teller, Vasen und Tischplatten stellte man aus Malachitblöcken her. Hervorragende Beispiele finden sich in der Leningrader Eremitage (Winterpalais). Dieser Malachit stammte zum großen Teil aus den ergiebigen Fundstätten bei Jekaterinburg (Swerdlowsk) im Ural. Heute liefern die Malachitvorkommen in Australien, Chile, Simbabwe, Zaire, Südafrika und den USA den Großteil des für Dekorationszwecke verwendeten Malachits.

MALACHIT UND MEDIZIN

Im 17. Jahrhundert empfahl man das Tragen eines Malachit-Amuletts gegen alle möglichen Leiden. Der Stein verhinderte angeblich Erschöpfung und Leistenbruch. Fein zermahlen und mit Milch eingenommen, sollte er Schmerzen nach einem Herzanfall und bei Koliken lindern. Mit Honig verrührt und auf eine Wunde gestrichen, sollte er Blutungen stillen und mit Wein getrunken akute Geschwüre abheilen lassen. Amulette und Ringe aus Malachit wurden offenbar auch von Müttern und Ammen getragen, um den Säugling beim Zahnen zu unterstützen. Derartige Amulette fanden in Bayern bei fahrenden Händlern reißenden Absatz.

MANCHE MALACHITE BESITZEN DIE FARBE UND FORM EINES PFAUENAUGES.

Überdies wurde dem Stein nachgesagt, die Gesundheit von Magen, Kopf und Nieren zu fördern, Schwindelanfällen und Leistenbrüchen vorzubeugen und den Träger vor bösem Zauber, Verführung, Stürzen und Unfällen zu bewahren.

Außerdem sollte er Krämpfe bei Kindern verhindern und sie vor Verhexung und jeglichem Unheil schützen. Wegen seiner Fähigkeit, den Betrachter nach längerem Anschauen in den Schlaf zu schicken, nannte man den Malachit auch »Schlafstein«.

Während der im alten Ägypten oftmals auftretenden Choleraepidemien beobachtete man, dass die in den Malachitminen arbeitenden Sklaven meist nicht erkrankten. Dies führte zu der Praxis, einen Streifen oder ein Armband aus Kupfer zu tragen, um vor Rheuma, Asthma und Koliken gefeit zu sein.

SERPENTIN

»Der Name ›Serpentin‹ stammt womöglich von seiner früheren Verwendung als Mittel gegen Schlangenbisse oder daher, weil seine grünliche Sprenkelung der mancher Schlangenhäute ähnelt.«

CALLY HALL: *GEMS AND PRECIOUS STONES*

Serpentin ist der Oberbegriff für eine Gruppe meist grüner Steine aus Magnesiumsilikat. Serpentin tritt in zwei Strukturvarianten auf, dem meist durchscheinend grünen Bowenit und dem meist ölig-grünen, mit schwarzen Einschlüssen versehenen, weicheren und selteneren Williamsit.

Der Name dieses Steins hat offenkundig etwas mit Kriechtieren und Schlangen zu tun, wahrscheinlich wegen seiner Ähnlichkeit mit einer Schlangenhaut. In der Antike hielt man ihn für einen Talisman zur Heilung giftiger Schlangenbisse – dies wäre eine weitere Erklärungsmöglichkeit.

Kurze Sonnenbäder

Ein beliebtes Mittel zur Linderung quälender Schmerzen bestand einst darin, kleine Serpentinplatten an rheumatischen Gelenken und Gliedern zu befestigen. Serpentin verwendete man darüber hinaus gegen Wassersucht und alle durch überschüssige Körperflüssigkeiten entstandenen Beschwerden. Hierzu wies man die Patienten nicht selten an, sich mit einem Stück Serpentin in jeder Hand in die Sonne zu setzen, allerdings mit der Warnung verbunden, dies wegen der starken Wirkung des Serpentins auf andere Körperflüssigkeiten nicht zu übertreiben.

Vielseitige Verwendbarkeit

Serpentin sämtlicher Farben stand in der Gunst zahlreicher Kulturen nicht allein wegen seiner Heilkraft, sondern

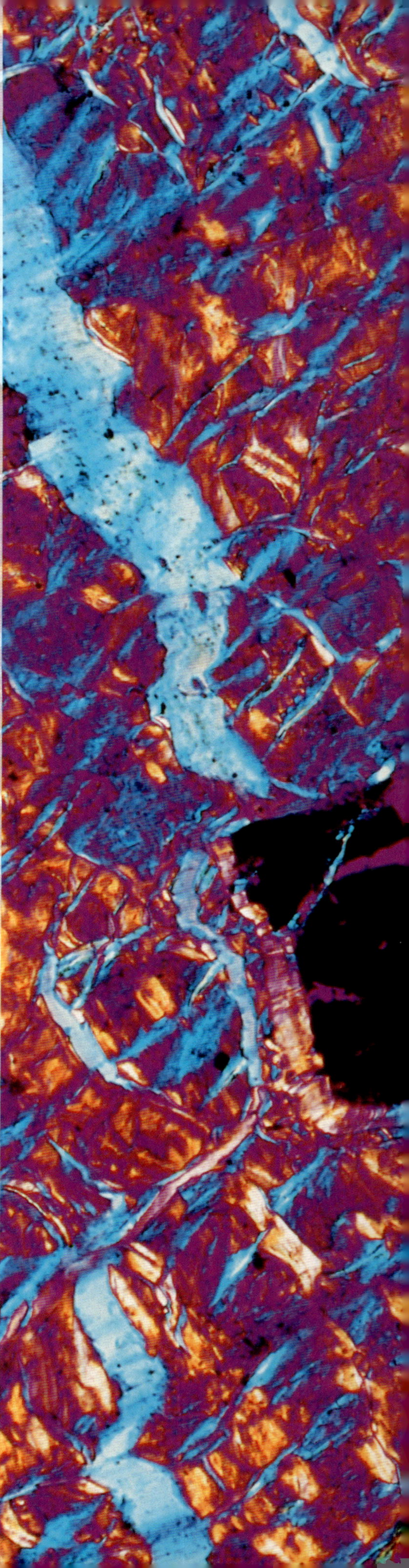

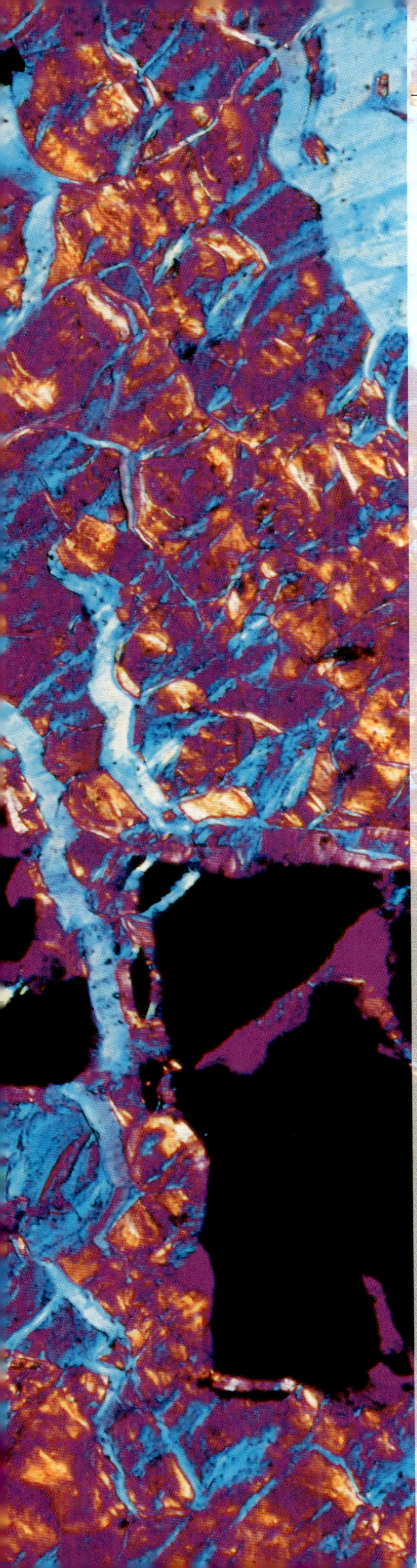

auch wegen seiner dekorativen Wirkung. So entstanden Vasen, Dosen, Talismane und Säulen aus Serpentin. Die Ägypter fertigten heilige Skarabäen (Käfersteine) daraus, während die Perser einige prachtvolle Siegel herstellten.

Jade und Frösche

Die zahlreichen Varietäten des Serpentins findet man von China bis in die USA. Die aus Lizard im englischen Cornwall stammenden Exemplare besitzen meist eine grüne, rotbraune oder graue Sprenkelung mit andersfarbigen Flecken, während der Williamsit aus Kalifornien und Maryland (USA) blaugrün gefärbt ist. Grüner Bowenit wird oftmals zu attraktivem Schmuck verarbeitet und als Jade ausgegeben, etwa unter dem Namen »Neujade«.

In Italien bezeichnet man eine besondere Varietät des Serpentins als *Ranocchia* (Frosch), da dieser grüne Stein mit hellgrünen und gelben Sprenkeln versehen ist und somit der Haut eines Froschs ähnelt.

MIT SKARABÄEN UND STEINEN BESETZTER BRUSTSCHMUCK DES TUTANCHAMUN.

TÜRKIS

*»Was führst du über meine Hoffart Klage,
weil ich einen kleinen Türkis trage.«*

MARGARETHE WUNDERLICH (1934–1996)

Der Türkis ist ein besonders problematischer Stein, wenn es darum geht, seine Echtheit nachzuweisen. Er besteht aus durch Kupfer und Spuren von Eisen gefärbtem Aluminiumphosphat. Manche Gemmologen vertreten die Auffassung, dass die prachtvolle Blaufärbung durch eine Zusammenfassung aus Kupfer und Aluminium entsteht. Die farbenprächtigsten Türkise – sie reichen vom hoch begehrten Himmelblau bis Blaugrün – stammen aus dem Iran.

Farbwechsel

Die Farbe des Türkises wird bisweilen durch die sauren Ausdünstungen mancher Menschen beeinflusst. Wenn dies geschieht oder wenn er zu stark erwärmt wird, nimmt der Stein eine grüne oder grünliche Färbung an. Auch der in Parfüms, Haarsprays und Kosmetika enthaltene Alkohol verändert seine Farbe.

Der Türkis verdankt seinen Namen den türkischen Händlern, die diesen herrlichen und sehr begehrten Stein erstmals nach Europa brachten. Auf den beschwerlichen Handelsstraßen waren große Kamelkarawanen mit Säcken voller exotischer, aromatischer Gewürze, mit Edelsteinen besetzten und mit Fäden aus Gold und Silber durchwirkten Tuchen und mit allen erdenklichen Juwelen und Schätzen unterwegs.

Die Türkise gelangten zunächst nach Deutschland, wo sie als Türkische Steine bekannt wurden. Als sie dann nach Frankreich kamen, wurden aus ihnen die *Pierres turquoises*.

Ureinwohner Amerikas

Viele tausend Jahre vor der Zeitenwende verließen die Vorfahren der Azteken, Tolteken und Olmeken die riesigen Grassteppen der heutigen Mongolei. Sie überquerten die damals vereiste Beringstraße und gelangten so von Sibirien nach Alaska. Einige Stämme wanderten immer weiter nach Süden und ließen sich schließlich in Südamerika nieder – in der Nähe der heutigen Länder Mexiko, Brasilien und Peru.

Mit im Gepäck hatten sie sozusagen ihre Verehrung für den Türkis und ihre Fähigkeit, dieses prachtvolle, himmelblaue Gestein zu bearbeiten. Ihre Talente und Fantasie zeigen sich deutlich angesichts der Güte und Schönheit jener Artefakte, die man aus alten Grabstätten geborgen hat.

Wie der spanische Missionar Bernardino de Sahagún (1499–1590) in seiner *Historia general de las cosas de Nueva España* schrieb, war es niemandem erlaubt, diesen blauen Stein zu tragen oder auch nur zu besitzen, denn er diente allein dazu, den Göttern geopfert zu werden und ihre Bildnisse zu zieren. Nachdem der Spanier Hernando Cortez das Reich der Maya im 16. Jahrhundert stark dezimiert hatte, fiel den Pueblo-Indianern das Los zu, die Verehrung des Türkises am Leben zu erhalten. Noch heute glauben die dort ansässigen Bergleute, das »Fleisch« des Türkis müsse intakt bleiben und jeder Türkis müsse stets mit Respekt behandelt werden, um als religiöses Opfer verwendet werden zu können.

Auch bei den Apachen Nordamerikas genoss der Türkis höchste Wertschätzung. Ohne den Besitz eines Türkises konnte kein Medizinmann die Ehre und Würde erzielen, die sein Amt ihm abverlangte, und auch der Speer oder Pfeil des Jägers würde sein Ziel verfehlen.

LINKS: TÜRKISADER IN SCHIEFERGESTEIN (VICTORIA, AUSTRALIEN). SEITE 52: WEST PHOENIX MINE (CORNWALL, ENGLAND).

TÜRKISBESETZTE AZTEKISCHE TOTENMASKE (UM 1400), EINE OPFERGABE AN DEN GOTT QUEZTALCOATL.

Legenden

TÜRKIS

Schutz vor Unheil

Der Türkis galt einst als wirksames Mittel gegen den bösen Blick. Noch heute flechten die Bewohner zahlreicher mittelöstlicher Länder Türkisperlen in die Mähnen ihrer Lasttiere (Kamele, Mulis, Ochsen), damit ihnen nichts zustößt und sie vor Fehltritten gefeit sind.

Die Türkisperlen schützen angeblich auch Pferde vor einem Hitzschlag durch Überanstrengung. So wurde der Türkis im 13. Jahrhundert zum Talisman des Reiters und ein gewisser Volmar schrieb damals: »Wem ein ächter Türkis, gefasset in Gold sein eigen, der nimmt beim Fall kein Schaden an den Gliedern, zu Rosse oder zu Fusse, solang er diesen Stein bey sich führt.«

Ein schwerer Fall

Anselmus Boetius de Boot, ein Heilkundiger des 17. Jahrhunderts, berichtet von einem schweren Sturz vom Pferd, nachdem dieses gestrauchelt war. Am nächsten Morgen habe er festgestellt, dass ein großes Stück Türkis von seinem Ring abgebrochen war. Er glaubte, dass der von dem Türkis ausgehende Einfluss ihn vor größeren Verletzungen bewahrt habe.

Ein gewisser Van Helmont schrieb: »Wer einen Türkis direkt auf der Haut trägt, kann aus jeder Höhe stürzen, denn der Stein zieht die ganze Wucht des Aufpralls an sich, so dass er zerspringt und die Person heil bleibt.« Die Geschichte des Marquis von Villena

FAKTEN UND FANTASIE

- DER TÜRKIS GILT ALS SYMBOL DER GROSSZÜGIGKEIT, AUFRICHTIGKEIT UND ZUNEIGUNG.
- ER SOLL FREUNDSCHAFTEN ERHALTEN UND FEINDE VERSÖHNEN.
- ALS GLÜCKSBRINGER MUSS MAN IHN GESCHENKT ERHALTEN.
- VON EINEM TÜRKIS TRÄUMEN HEISST, DEN WOHLSTAND ZU BEGRÜSSEN.
- GLÜCKSTAG IST DER SAMSTAG.

klingt da schon etwas anders. Als der Marquis seinen Hofnarren nach den magischen Eigenschaften des Türkises fragte, antwortete dieser: »Nun, Herr, solltet Ihr den Stein tragen, auf die höchsten Zinnen Euro Burg steigen und Euch in den Hof hinabstürzen, so liegt der Zauber des Steins darin, dass er nicht zerbricht.«

Anselmus de Boot behauptete außerdem, der Türkis würde, an einem Faden in einem Glas aufgehängt, die Stunden läuten. Darüber hinaus würden sich gut gekleidete Männer ohne ihren Türkisschmuck nicht auf die Straße wagen.

ZAR IWAN IV. GLAUBTE AN DIE MAGISCHEN EIGENSCHAFTEN DES TÜRKISES.

HEILKRÄFTE

Viele Ärzte des 15. Jahrhunderts führten einen Türkis in ihrer Instrumententasche mit, da der Stein angeblich gegen Vergiftungen wirkt. Sie bereiteten einen Heiltrank aus fein gemahlenem Türkis, der nicht nur als wirksames Mittel gegen Skorpionstiche galt, sondern auch die Schmerzen vertreiben sollte, die beim Besessensein von Dämonen entstanden. Einen Türkis anzuschauen oder auf die Augen zu legen war angeblich gut gegen entzündete oder überanstrengte Augen.

Der Türkis verblasste, wenn sein Träger erkrankte, und verlor seine Farbe vollkommen, wenn dieser starb; seine alte Schönheit erreichte er nur, wenn sein neuer Besitzer gesund war. Sir John Horsey, ein Botschafter im Dienste Elisabeths I., berichtet davon, Iwan der Schreckliche habe geglaubt, dass der Türkis eine einzigartige Sympathie mit seinem Besitzer zeige und sein Mitgefühl für dessen Leiden durch Blasswerden bekunde. Viele Autoren trugen im 18. Jahrhundert zu einem derartigen Glauben bei, etwa indem sie Folgendes schrieben: »Der Stein erblasst, wenn dem, der ihn traget, jegliche Fährnis bevorsteht.«

WETTERVORHERSAGE

Für die Perser prophezeite die Intensität des himmelblauen Steins das für den entsprechenden Tag zu erwartende Wetter. Strahlendes Blau am Morgen verhieß einen schönen und glücklichen Tag. Außerdem heißt es, dass ein Mann, um Glück zu haben und das Übel abzuwehren, den Widerschein des Neumonds auf dem Koran, dem Gesicht eines Freundes oder einem Türkis erblicken müsse.

MIT TÜRKISEN BESETZTE MEXIKANISCHE BROSCHE AUS DER MIXTECA-PUEBLA-KULTUR (UM 1500).

LAPISLAZULI

»Wer mit einem Lapis-Amulett in die Schlacht zieht, führt seinen Gott mit sich.«

ALTSUMERISCHER PRIESTERSPRUCH

Der Name dieses sehr dekorativen Steins leitet sich von der mittellateinischen Form des arabischen Wortes *lazward* (blau) ab. Das spätere lateinische *lazurius* und das französische *azur* gehen auf das persische *lazur* und das arabische *azul* zurück, das einen ganz besonderen, tiefblauen Farbton bezeichnet.

Lapislazuli ist ein Aggregat aus verschiedenen Mineralien, nämlich Haüynit, Lasurit, Sodalit, Kalzit und Pyrit. Die attraktiven Einsprengsel bestehen aus winzigen Eisenpyritkristallen. Lapis ist ein metamorphes Gestein, das oft mit Azurit verwechselt wurde, einem blauen Stein aus hydriertem Kupferkarbonat. Der »Nunkirchener Lapis« oder »deutsche Lapis« ist ein rötlichblau gefärbter Stein aus dem saarländischen Nunkirchen. Er ist härter und trüber als der echte Lapis.

DIE PERLENKETTE AUS LAPISLAZULI BILDET DEN BLICKFANG DIESES SCHMUCKSORTIMENTS.

Kostbarer Farbton

Da Lapislazuli keine Kristallstruktur besitzt, ist er kein Edelstein im eigentlichen Sinn; sein Wert liegt vielmehr in seiner attraktiven Farbe, die den Menschen seit jeher veranlasste, ihn für dekorative Zwecke zu verwenden. In der Malerei diente er im Mittelalter zur Herstellung des Ultramarin.

Der beste Lapis stammt weiterhin aus der afghanischen Provinz Badakschan; bereits Marco Polo hatte die Lagerstätte 1271 besichtigt. In der Nähe des Baikalsees liegen weitere Vorkommen, während Steine von geringerer Qualität aus Chile und den USA kommen.

Der Saphir der Griechen

In alten Manuskripten steht zu lesen, dass man den Stein damals für einen Saphir hielt. Theophrastos behauptete, dieser »Saphir« sei »mit Goldstaub besprenkelt«. Heute geht man davon aus, dass sich alle in den antiken Schriften vorkommenden Hinweise auf den Saphir in Wahrheit auf den Lapis beziehen.

Die mittelalterlichen Troubadoure berichteten über den Priesterkönig Bruder Johannes, der in einem Bett schlief, das aus einem riesigen »Saphir«-Block bestand, »um wohl zu schlafen und lüsterne Gedanken zu vertreiben«.

Man dachte, die Geister des Lichts und der Weisheit würden von den blauen Steinen angezogen, da diese dem Himmelsblau ähnelten, und dass Lapis ein Sinnbild der Keuschheit sei.

GÜRTELHAKEN MIT SCHLANGENMOTIV AUS LAPISLAZULI.

FAKTEN UND FANTASIE

IN MAKEDONIEN TRAGEN WERDENDE MÜTTER NOCH HEUTE EIN AMULETT AUS LAPISLAZULI IN DER HOFFNUNG, EINE FEHLGEBURT ZU VERHINDERN. SIE NENNEN IHN DEN »HALTESTEIN«.

Legenden

LAPISLAZULI

Heilkräfte

Bereits die Ägypter wussten alles über die Wunderkraft des Lapis. Der Ebers-Papyrus (um 1600 v. Chr.) enthält eine Rezeptur für die Behandlung des grauen Stars, bestehend aus Lapislazuli, Milch und Nilschlamm (er wird auch »Krokodilerde« genannt). Bei den Ägyptern, Sumerern und Babyloniern galt der Stein überdies als geeignetes Mittel, um Neuralgien und Kopfschmerzen zu lindern.

Da die Ägypter den Stein wegen seiner mystischen Bedeutungen verehrten, wurde er für die religiösen Darstellungen in so großen Mengen benötigt, dass er in den Listen der Abgaben, die von anderen Staaten an Ägypten zu entrichten waren, einen wichtigen Posten darstellt. Bei Versorgungsengpässen behalf man sich meist mit blauen Keramiken.

Das wichtigste altägyptische Amulett war ein mit Blattgold überzogener Lapis in Form eines stilisierten Auges. Man glaubte nämlich, dass die Naturgöttin Isis über die Seelen der Verstorbenen auf ihrer letzten Reise wache. Oft wurde das 26. Kapitel des *Totenbuchs* in Herzen aus Lapis eingraviert, die man zusammen mit der Mumie in den Sarkophag legte. Die Ägypter fertigten auch stilisierte Darstellungen ihrer Wahrheitsgöttin Ma. Die Richter trugen Lapisfiguren dieser Göttin an einer schweren Goldkette um den Hals.

Gegen Melancholie

Die Ärzte späterer Jahrhunderte zeigten sich nicht minder beeindruckt. William Rowland, Übersetzer des *Compleat Chymical Dispensatory* (1669), schrieb: »In der Hauptsache vertreibt (der Stein) Melancholie, heilt Viertagefieber, Schlag, Fallsucht, Krankheiten der Milz und viele Geistesschwächen. Kinder tragen ihn als Amulett um den Hals, um ihnen die Schrecknis zu nehmen. Er stärkt die Sicht, verhütet Ohnmacht und Frühgeburt, doch man muss ihn zur rechten Zeit vor dem Entbinden abnehmen, damit nicht er das Kind aufhaltet.«

Lapispulver mischte man mit dem Mark bestimmter Beeren. Mit Zucker gebunden, entstand so das vielseitig einsetzbare Alkermes. Andere Quellen erwähnen die Fähigkeit des Lapis, Freundschaften zu festigen. Von einem Lapis zu träumen bedeutete Erfolg in Herzensdingen. Der Stein steht unter dem Einfluss des Planeten Venus und repräsentiert die vierte Stunde der Nacht.

SAPHIR

»Saphire sind die Augen dein,
die lieblichen, die süßen.
Oh, dreimal glücklich ist der Mann,
den sie mit Liebe grüßen.«

HEINRICH HEINE: *DIE HEIMKEHR*

Saphire und Rubine sind Spielarten des Korunds, eines farblosen Aluminiumoxids. Durch das Hinzutreten von Titan und Eisen während der Bildung der Saphirkristalle entsteht das prachtvolle Blau dieser Korund-Varietät. Die Saphirkristalle besitzen die Form einer Doppelpyramide (zwei hexagonale, Basis an Basis stehende Pyramiden). Wegen seiner auffälligen Form ordnet man den Saphir in das trigonale Kristallsystem ein. Die für die Abspielnadeln von Schallplattenspielern verwendeten Saphire werden synthetisch hergestellt.

STEIN DER VIELEN FARBEN

Im Gegensatz zur landläufigen Annahme sind nicht alle Saphire blau. Gelbliche und grüne Saphire findet man in Australien. Aus den edelsteinführenden Kiesgruben Sri Lankas kommen gelbe, orangefarbene, violette und mehrfarbige Saphire.

Kornblumenblau gilt im Handel als bevorzugter Farbton. Am seltensten und begehrtesten sind die aus Kaschmir stammenden blauen Steine mit einem unwiderstehlichen, samtartigen Glanz. Hohe Preise erzielen auch die Saphire, die man in der Umgebung der kambodschanischen Ortschaft Pailin findet. Qualitätssaphire werden überdies in Burma (Myanmar), Thailand und Tansania gewonnen. Dunkelblaue Saphire mit einem markanten, metallischen Schimmer stammen aus Montana (USA).

◆ Legenden
◆ SAPHIR

Viele Jahrhunderte lang bezeichnete man jeden blauen Stein als Saphir, weshalb die Einordnung entsprechender Schilderungen nicht leicht ist. Offenbar wurde der Saphir von den frühen Christen zum Schmuck bischöflicher

DER STUART-SAPHIR GEHÖRT ZU DEN ENGLISCHEN KRONJUWELEN.

Ringe favorisiert. Dies veranlasste Papst Innozenz III. zu einem Dekret, in dem es hieß: »(der) Ring eines Bischofs soll aus reinem Gold und einem ungeprägten Saphir bestehen, da dieser Stein Qualitäten besitzt, die für seinen Rang als Zeichen von bischöflicher Würde und als Siegel der Verschwiegenheit wesentlich sind«.

Der Saphir genießt in den östlichen Religionen die höchste Verehrung. Die Buddhisten glauben, dass er den Menschen zum Gebet führt. Der herrliche blaue Saphir, so betonen sie, sei der »Stein der Steine« und beschere Seelenfrieden, Ausgeglichenheit, Glück und Erleuchtung. Auch in den mystischen Steinkombinationen, die von den Hindus verehrt werden, genießt der Saphir eine Vorrangstellung. Für diese Gläubigen bringt er Gesundheit, Wohlstand, Glück, die Gunst der Prinzen und den Segen der Gottheit, diese Gaben auch zu genießen.

SELTENER FACETTIERTER ORANGE-SAPHIR VON MEHR ALS 57 KARAT.

Der Saphir König Eduards

Es gibt eine fantasievolle Schilderung über die angebliche magische Heilkraft des Saphirrings von Eduard dem Bekenner. Hier die Kurzfassung:

In Begleitung seines Hofstaats wurde König Eduard, als er die Abtei, die er in der City von Westminster errichten ließ, besuchte, von einem Bettler angesprochen, der ihn um ein Almosen im Namen des heiligen Johannes bat. Da er kein Geld bei sich hatte, streifte sich der König einen großen Saphirring vom Finger und überreichte ihn dem arg heruntergekommenen Mann. Die nächsten Jahre verliefen offenbar friedlich für den König, bis diese Ruhe durch das unerwartete Eintreffen einer Gruppe von Reisenden aus Jerusalem gestört wurde. Sie erklärten, den Auftrag zu haben, ihm den Ring zurückzugeben und ihm mitzuteilen, dass der Bettler »den König in naher Zukunft im Paradies sehen« würde.

MIT SAPHIREN UND DIAMANTEN BESETZTE BROSCHE IN FORM EINES AHORNBLATTS.

Der König deutete dies als Prophezeiung seines baldigen Todes – und er hatte Recht.

Ungefähr 200 Jahre nach seinem Tod öffnete man den Sarg des Königs und entnahm den Saphirring einem, wie es hieß, perfekt erhaltenen Leichnam. Es entstand die Legende, dass jeder, der den Saphir berührt, von Lahmheit oder Epilepsie geheilt werde. Auch die Sehkraft würde angeblich wiederhergestellt. Heute sitzt dieser Saphir in der Mitte eines Diamantkreuzes auf den Querbügeln der britischen Staatskrone.

MEDIZINISCHES

Epiphanius, im 4. Jahrhundert Bischof von Sevilla, schreibt über den Saphir: »Er ist eine Arzney, denn fein gemahlen heilt er die Wundstellen von Pusteln und Furunkeln, so man ihn mit Milch gemenget auf das Geschwür streicht.« Camillus Leonardus, Leibarzt des Cesare Borgia und Verfasser des 1502 in Venedig veröffentlichten *Speculum lapidum,* stellt fest: »Können wir nicht bezeugen, dass der Saphir ein lästiges Karbunkel und dergleichen bei vielen anderen thut heilen?«

Auch der Saphir ließ den Glauben aufkommen, er sei ein wirksames Gegengift. Außerdem half er angeblich bei Fieber, Schüttelfrost, Hautleiden, Magengeschwüren und Pest, verhalf zu klaren Gedanken und besserer Sicht, heilte durchtrennte Häutchen und verhinderte sogar übermäßiges Schwitzen.

Petrus Hispanus (Papst Johannes XXI., 1276–1277) stellt in seinem *Thesaurus pauperum* fest, der Saphir könne Augenleiden heilen. In Kirchenarchiven ist nachzulesen, dass im 17. Jahrhundert ein Londoner Krämer namens Richard de Preston der alten St.-Paulus-Kirche einen größeren Saphir vermachte, um »die Gebrechen der Augen der Betroffenen« zu heilen.

In seinem Reisebuch zitiert Sir John Horsey den russischen Zar Iwan den Schrecklichen wie folgt:

»Der Saffir bringt mir die größten Wonnen. Er wahrt und mehrt den Mut, beglückt das Herz und alle Lebensgeister, ist kostbar und überaus gut für die Augen, klart den Blick, nimmt Blutandrang fort und kräftigt die Muskeln und Bänder.«

Unverzichtbar

Wer eine Lösung für sein Problem begehrte und das Orakel von Delphi im Tempel des Apollon um Rat nachsuchte, musste einen blauen Saphir tragen. Auch Geisterbeschwörer schätzten diesen Stein sehr, denn er gestattete ihnen, selbst die schwierigsten Weissagungen der Orakel zu vernehmen und zu deuten. Hexen verwendeten diesen himmelblauen Stein als Träger ihrer Verwünschungen.

Zur klassischen griechischen Literatur gehört die Geschichte des Prometheus, der einen Saphirring trug, als er dem Zorn des Zeus trotzte, indem er dem Himmel das Feuer stahl, um es den Menschen zurückzugeben. Den Menschen war zuvor das Feuer genommen worden als Strafe dafür, dass sie das dem Zeus geopferte Fleisch gegessen hatten.

Der Aberglaube war im Mittelalter besonders stark verbreitet und Zauberer bereiteten zahlreichen Menschen in Stadt und Land großen Schrecken, wenn sie behaupteten, der blaue Saphir würde bei Untreue eine violette Farbe annehmen. Angeblich zeigte der Stein auch Betrug, Verrat und Verwünschung an und man sagte, er biete einen unerreichten Schutz vor Rache und Neid.

Talisman Karls des Grossen

In *The Book of Talismans* (1914) berichtet William Pavitt, dass die Hexer am Hofe des östlichen Herrschers Harun al Raschid einst einen besonders mächtigen Liebestalisman für die Gemahlin Kaiser Karls des Großen schufen. Er enthielt zwei große Cabochon-Saphire (einen ovalen und einen eckigen), eingelassen in ein Kreuz aus einem Stück Holz vom Kreuze Christi. Der Talisman diente allein dazu, die kaiserliche Zuneigung zu seiner Gemahlin zu erhalten, und in der Tat war er ihr stets in Liebe zugetan.

Fakten und Fantasie

DIE GRÖSSTE MAGISCHE WIRKUNG ENTFALTEN JENE SAPHIRE, DIE EINEN ASTERISMUS ZEIGEN. DIES BEDEUTET, DASS UNTER BESTIMMTEN UMSTÄNDEN EIN SECHSSTRAHLIGER STERN IN DEM STEIN SICHTBAR WIRD. AUS TECHNISCHER SICHT IST DIES DER FALL, WENN DIE IM SAPHIR NATÜRLICH VORKOMMENDEN RUTILNADELN PARALLEL ZU DEN DREI KRISTALLACHSEN ANGEORDNET SIND UND DER STEIN »EN CABOCHON« GESCHLIFFEN WIRD.

IM ORIENT BEDEUTET DIESE WISSENSCHAFTLICHE ERKLÄRUNG JEDOCH NICHTS. DORT GELTEN DIE STERNSAPHIRE ALS LEGENDÄRE GLÜCKSBRINGER. DIE DREI EINANDER SCHNEIDENDEN STRAHLEN BETRACHTET MAN VIELMEHR ALS DREI GUTE GEISTER – GLAUBE, HOFFNUNG UND SCHICKSAL –, DIE WEGEN EINER KLEINEN VERFEHLUNG IN DEM STEIN EINGESCHLOSSEN SIND. GLEICHES GLAUBT MAN IM OSTEN AUCH VON DEN STERNRUBINEN (SIEHE SEITE 29).

DIE LEGENDE BESAGT, DASS DIE DREI GEISTER DEN BESITZER UND TRÄGER DES STEINS MIT ERFOLG IN SEINEM TÄGLICHEN TUN BELOHNEN, DA SIE DIE WELTLICHEN DINGE NUR BEOBACHTEN, NICHT ABER AN IHNEN TEILNEHMEN KÖNNEN.

DER »BEHERRSCHER DES WESTENS« UND RÖMISCHE KAISER KARL DER GROSSE (747–814).

AMETHYST

ROSAFARBENE AMETHYSTKRISTALLE UND ACHATBÄNDER UMRAHMEN DIE HÖHLUNG DIESES STEINBROCKENS.

»Die blut'gen Pfeile des Cupido Geschäft
mit Amethysten alle sind besetzt.«

AUS DEM GEDICHT *ARCADIA*
VON SIR PHILIP SIDNEY (1554–1586)

Als Amethyst bezeichnet man jede violette Varietät des Quarzes, die aus Siliziumdioxid besteht und eine trigonale Kristallstruktur besitzt. Auch die Geschichte des Amethysts ist mit den unterschiedlichsten religiösen Praktiken verknüpft.
Einer der ersten Hinweise auf seine religiöse Verwendung findet sich in der Bibel, wo der Amethyst als einer der zwölf Steine im Brustschild des Hohepriesters im Heiligen Tempel von Jerusalem erwähnt wird. In der Bibel ist der Amethyst ferner als einer der Grundsteine des Himmlischen Jerusalem aufgeführt.

Die zu römischen Senatoren gewählten christlichen Bischöfe entschieden sich bei ihren Gewändern für die Farbe Violett, wodurch der Amethyst allmählich zum Sinnbild der himmlischen Sphären wurde.

Auch die Ägypter kannten den Amethyst bereits, den sie entsprechend den Anweisungen des *Totenbuchs* auf die Körper der Verstorbenen legten. Viele herzförmige Amethyste fand man in den Gräbern der Pharaonen, die nicht nur ganz richtig das Herz als Sitz des Lebens ansahen, sondern wohl auch versucht haben, gewisse paranormale »Schwingungen« des Amethysts in einer besonderen, bislang noch unbekannten Weise zu nutzen.

Geschichte

AMETHYST

In *Sylva sylvarum* schreibt der englische Philosoph und Staatsmann Francis Bacon (1561–1626): »Es gibt viele Dinge, die durch geheime Sympathie und Antipathie auf den Geist des Menschen einwirken. Dass das Tragen edler Steine manche Wirkung hat, ist seit langem allgemein anerkannt.«

Es überrascht daher nicht, dass bereits unsere frühen Vorfahren an den Einfluss von Steinen auf das persönliche Befinden glaubten. Und zwar vor allem dann, wenn das Licht des zugehörigen Planeten von diesem Stein gebündelt wird. Man sagt, die aus dem

Legenden

AMETHYST

Amethyst austretenden violetten Lichtstrahlen würden die Nerven beruhigen und nervöse Zuckungen mildern.

ERNÜCHTERUNG

Der Name dieses Minerals ist von dem griechischen *amethystos* (»nicht vergiftend«) abgeleitet. Im Laufe der Jahrhunderte nämlich hatten die griechischen und römischen Magier oder weisen Männer immer wieder behauptet, der Stein verfüge über die Eigenschaft, Trunkenheit zu verhindern.

Wer damals Wein aus Amethystbechern trank, war fest überzeugt, dass er nur so dem Alkohol frönen könne. Denn angeblich übte der Amethyst einen solchen Einfluss auf den Wein aus, dass sein Alkoholgehalt vollständig neutralisiert würde. Andere wiederum vertraten in dem Versuch, diesen scheinbaren Effekt zu erklären, die lieblose Ansicht, der Gastgeber habe den Wein wohl mit Wasser verdünnt und das Violett des Amethystbechers verbessere die Farbe des gepanschten Weins, der nun wie echt wirke.

SCHUTZ VOR VERZAUBERUNG

Plinius behauptet von den Magiern, sie würden die Menschen dazu anhalten, die Namen von Sonne und Mond in die Amethyste zu gravieren und sie sich zusammen mit Pavianhaaren und Schwalbenfedern als Schutz vor Verzauberung um den Hals zu hängen. Außerdem würde der Stein dem Betreffenden helfen, als Bittsteller an den König heranzutreten, und Hagel sowie Heuschreckenplagen bannen.

Hierzu Plinius verächtlich: »Ich kann nur annehmen, dass sie, indem sie dies niederschrieben, eine absolut höhnische Verachtung für die Menschheit ausdrücken.« Die Vorstellungen der Magier hatten jedoch Bestand.

Camillus Leonardus schrieb: »Sie dienen dazu, Trunkenheit zu vertreiben, denn auf den Nabel gebunden, halten sie den Dunst des Weins zurück und lösen somit den Rausch; sie unterdrücken böse Gedanken und erleichtern das Verstehen; den Mann machen sie wachsam im Beruf und den Unfruchtbaren verhelfen sie zur Fruchtbarkeit, wenn sie einen Trank daraus zu sich nehmen; sie treiben Gift aus; sie schützen den Soldaten und verhelfen ihm zum Sieg; und sie erleichtern das Erbeuten wilder Tiere und Vögel.«

ANTIKES AMETHYST-ARMBAND.

Legenden

AMETHYST

BACCHUS UND DIANA

In einem französischen Gedicht aus dem 18. Jahrhundert können wir die Geschichte von Bacchus, dem römischen Gott des Weines, nachlesen. Diesen beschlich offenbar das Gefühl, sein erhabener Rang innerhalb des Universums sei von den Sterblichen missachtet worden; deshalb schwor er, seine Löwen sollten dies rächen, indem sie den nächsten Sterblichen verschlangen. Die erste unglückliche Person, die ihm begegnete, war ein Mädchen namens Amethyste, das auf dem Weg zum Schrein der Diana war, um dort zu beten. Als die Löwen sich an ihr blutiges Werk machten, erreichten die Schreie der zu Tode erschrockenen Amethyste die Ohren der gütigen Diana. Diese erbarmte sich ihrer und erlöste das Mädchen rasch von seinem Leid, indem sie es in eine prächtige Säule aus klarem Bergkristall verwandelte.

Bacchus, so das Gedicht weiter, bedauerte den Verlust seiner Selbstkontrolle. Starke Gewissensbisse peinigten ihn. Im Bemühen um Wiedergutmachung goss er ein großzügiges Weinopfer über die Kristallsäule. Diese nahm nun die schöne Violettfärbung jenes Steines an, den wir als Amethyst bezeichnen.

PORTRÄT DES BACCHUS, AUSGEFÜHRT VON CARAVAGGIO (1573–1610).

OHRGEHÄNGE MIT EINER APARTEN KOMBINATION VON DIAMANT UND AMETHYST.

Die kranke Seele

Die Magier des Mittelalters glaubten, alle Erkrankungen des Körpers würden aus einer Erkrankung der Seele hervorgehen. Um dem zu begegnen, verordneten sie Elixiere aus Amethyst zusammen mit ausgiebigen Fürbitten an bestimmte Heilige.

Später schrieben die Ärzte dem Amethyst außerdem eine positive Wirkung bei Kopfschmerzen, Zahnweh und Gicht zu und sahen in diesem Stein einen wesentlichen Schutz vor Gift und Pest. Neuralgien und Schlaflosigkeit runden das Einsatzspektrum ab.

Wahre Liebe

Einst gab es einen herzförmig geschliffenen, polierten und in Gold und Silber eingefassten Amethyst, den eine Braut ihrem Gemahl übergab. Dieser herzförmige Stein soll die frisch Vermählten für den Rest ihres Lebens überaus reich mit Glück und Frieden bedacht haben.

Wählerisch

Barbara Walkers *The Book of Sacred Stones* enthält zahlreiche Amethyst-Legenden, aus denen sie schließt, dass seine bloße Schönheit viele Menschen veranlasst, gerade diesen und keinen anderen Stein zu tragen. Als Beispiel für diese Leidenschaft nennt sie die Bewohner der englischen Kanalinsel Sark, die alle dort gefundenen Amethyste als »Sark-Steine« verkaufen.

FAKTEN UND FANTASIE

- EINIGE SEELEUTE TRAGEN EINEN NEPTUN GEWIDMETEN AMETHYST, DAMIT ER SIE IN EINEN SICHEREN HAFEN LEITE.
- VON EINEM AMETHYST TRÄUMEN BEDEUTET DEN ERFOLGREICHEN AUSGANG DER NÄCHSTEN UNTERNEHMUNG.
- SOLDATEN TRAGEN BISWEILEN EINEN AMETHYST (ODER STERNSAPHIR), DER SIE VOR UNHEIL SCHÜTZEN UND SIE ZUM SIEG FÜHREN SOLL.

ACHAT

»Am rauschenden, umsäumten Ufer,
in dessen Feuchte Weiden wachsen,
mein Wagen kommt zum Halt,
dicht mit Achat besetzt.«

JOHN MILTON (1608–1674)

Jeder Steinschleifer hat bestimmt schon einmal mit Achat gearbeitet, jenem für seine herrlichen Farben und Muster bekannten Quarz. Er hat ihn zersägt, geschnitten, geschliffen, mit verschiedenen attraktiven Farben gefärbt und ihn poliert, um seine natürlichen Merkmale am besten zur Geltung zu bringen und aus einem oftmals unansehnlichen Steinklumpen ein Objekt der Schönheit und Bewunderung zu fertigen.

Die zahlreichen Achat-Varietäten bestehen aus Chalzedon, einer kryptokristallinen Abart des Quarzes – was bedeutet, dass dieser sich aus einer Menge winziger Kristallfasern zusammensetzt. Er besitzt keine äußere Kristallform, doch wenn man einen Chalzedon unter dem Mikroskop betrachtet, wird seine faserige Kristallstruktur deutlich sichtbar.

DIESE BEIDEN HELLBRAUNEN ACHATSCHEIBEN ZEIGEN DIE TYPISCHEN FARBBÄNDER MIT MEHREREN ZENTREN.

BANDMUSTER

Achat unterscheidet sich von anderen Chalzedon-Varietäten durch seine gebänderten Muster: milchig-trübe Schichten, die dem Umriss des Hohlraums zu folgen scheinen, in dem sich der Achat bildete.

Bestimmte, in altem Lavagestein entstehende Hohlräume sind die Geburtsstätten des Achats. Während der Zersetzung des Gesteins löst das Regenwasser verschiedene Mineralien und spült sie in die Höhlung; wenn das Wasser verdunstet, werden sie als Achat

Geschichte

ACHAT

EINE SAMMLUNG POLIERTER »FEUER-ACHATE«. DIE IRISIERENDEN FARBEN ENTSTEHEN DURCH ABLAGERUNGEN AUS EISENOXID.

eingelagert, wobei ihre Größe vom Kiesel bis zum Findling reichen kann.

Große Achatmengen werden aus südamerikanischen Ländern wie Brasilien und Paraguay eingeführt, wo man den Achat aus dem zu rotem Ton zersetzten Basalt gewinnt. Im indischen Deccan-Tal findet man ebenfalls Achate in einer exportfähigen Qualität; hier stammen die verschiedenen Achate aus verwittertem Basaltgestein.

FÄRBEMITTEL

Da Achat porös ist, eignet er sich gut zum Färben. Hierzu entwickelte sich ein Industriezweig, der immense Mengen von gewöhnlichem Achat mit Hilfe von Chemikalien verschönert.

Achat, der in Blutlaugensalz getränkt und mit einer Kupfersulfatlösung behandelt wurde, nimmt eine gute Blaufärbung an, während das Eintauchen in Eisensulfat nach dem Erhitzen ein attraktives Rot erzeugt. Nickel liefert Grüntöne und mit Anilinfarben lassen sich unterschiedliche attraktive Farbtöne erzielen. Zur Herstellung von schwarzem Onyx genügt es, den Achat in einer Zuckerlösung zu kochen, die in die Poren eindringt und durch Schwefelsäure zu Kohle zersetzt wird. Es gibt jedoch Reinigungsverfahren, die dem Stein seine natürliche Farbe nahezu vollkommen zurückgeben können.

URSPRUNGSORT

Viele der frühsten Hinweise auf den Achat findet der interessierte Leser in den Schriften des Theophrastos (371–287 v. Chr.).

Dort erfahren wir, dass man den Achat nach dem Fluss Achates benannte, in dem die Steine offenbar zuerst entdeckt wurden und wo man ihren dekorativen Wert erkannte. Der Achates (der heutige Dirillo) entspringt in der Nähe des Monte Lauro, windet sich durch die Berge und fließt an der Südspitze Siziliens ins Mittelmeer.

Im Laufe der Jahrhunderte schrieben die vielen Völker des südlichen Mittelmeerraums dem Achat allmählich die unterschiedlichsten Fähigkeiten zu. So wurden die Steine zum Talisman gegen Stürze und Unfälle und die Anhänger des Islam gravierten die Symbole der Enkel des Propheten – Hassan und Hussein – auf den Achat und hängten ihn ihren Kindern um.

Legenden

ACHAT

Nicht nur die Moslems glaubten an die Kraft des Achats. Auch in altjüdischen Erzählungen sagte man ihm nach, er könne seinen Besitzer auf geheimnisvolle Weise am Straucheln oder Fallen hindern.

So verwundert es nicht, dass der Achat die besondere Wertschätzung der Reiter erfuhr, die den Stein in die Mähnen ihrer Pferde flochten und ihr Zaumzeug mit ihm schmückten. Dieser Brauch verbreitete sich unter den Reitern zahlreicher anderer Länder.

Zeichen des Auges

Brauner und schwarzer Achat, der so geschnitten und poliert wurde, dass ein weißer, ovaler Umriss sichtbar war, galt bei vielen nordafrikanischen Völkern als Symbol des Auges. Somit entstand ein weiterer Talisman, der angeblich vor dem bösen Blick schützte. Augensteine aus Achat waren auch bei den Einwohnern der syrischen Stadt Aleppo sehr beliebt, die davon überzeugt waren, mit ihrer Hilfe die schmerzhaften Aleppo- oder Orientbeulen – die wie ein Achatauge aussahen – behandeln zu können. Ein auf müde Augen gelegter Augenachat galt als unübertroffen, um die Augen zu erfrischen und die Sehkraft wiederherzustellen.

Schließlich gelangte der den Achat umgebende Aberglaube auch nach Europa und Bauern banden beim Pflügen ihrer Felder in der Hoffnung auf reiche Ernte einen Achat an die Hörner ihrer Ochsen und das Zaumzeug ihrer Pferde.

Achat in der Medizin

Im fünften und letzten Buch seiner *Materia medica* behandelt Dioskurides 200 Steine, die von zivilen Ärzten und den Ärzten der kaiserlich-römischen Armee verwendet wurden. An der beschriebenen Heilkraft des Achats hielt man mehr als 1600 Jahre fest.

Im Falle von Wahnsinn beispielsweise empfahl er die Einnahme von Achatpulver mit süßem Fruchtsaft. Diese Medizin wurde auch gegen Geschwüre, Furunkel und Erkrankungen der Nieren und Milz verschrieben.

Bestimmte Abarten des Achats verwendete man, um Blutungen zu stillen und ansteckende Krankheiten und Epidemien zu bekämpfen. Achatanhänger verliehen dem Träger Schutz vor Verdauungsstörungen, Lungenproblemen und Angstzuständen.

Manche arabischen Ärzte rieten von der Einnahme pulverisierten Achats ab, obwohl sie sich relativ sicher waren, dass eine entsprechende Paste das Zahnfleisch kräftigte und Zahnfleischblutungen stillte.

FAKTEN UND FANTASIE

GEBÄNDERTER ACHAT MIT HELLEN UND DUNKLEN STREIFEN BEIDSEITS EINES SCHMALEN KATZENAUGES TRÄGT BISWEILEN DEN NAMEN SYLVESTER- ODER JAKOBSSTEIN. DIE HELLE SEITE DES STEINS STEHT FÜR DIE VERGANGENHEIT, ALSO FÜR ALLE BEKANNTEN EREIGNISSE, WÄHREND DIE DUNKLE SEITE DEN TRÜBEN SCHLEIER DER FRAGLICHEN ZUKUNFT VERSINNBILDLICHT, DER DAS WISSEN UM DAS INDIVIDUELLE SCHICKSAL VERHÜLLT. DIESER STEIN DIENTE EINST ALS NEUJAHRSGESCHENK UND ALS GESCHENK AN JENE, DIE AM NAMENSTAG DES HEILIGEN JAKOB ODER SYLVESTER GEBOREN WURDEN.

Hexen, Zauberer und Blitzschlag

In Camillo Leonardos Buch *Speculum lapidum* (1502) findet sich ein Hinweis auf die Fähigkeit des Achats, zerstörerische Unwetter und Blitzschlag abzuwehren.

In den englischen Midlands und weiter im Norden besteht dieser Glaube fort. Hier schlagen die Bauern einen Nagel in das Holz über der Tür zum Kuhstall, an dem sie einen Achat mit einem natürlich vorkommenden Loch befestigen.

Dieses abergläubische Ritual soll verhindern, dass die Milch durch Blitz und Donner sauer wird und dass Hexen und Zauberer auf roh beschlagenen Kühen und Pferden in finsterer Nacht über das Land reiten.

Hinweise auf magische Kräfte des Achats findet man auch in den Geschichten und Legenden der Wikinger und der frühenglischen Völker. Sie verwendeten eine magische Doppelaxt und einen runden Achat, um verlorene Gegenstände oder vergrabene Schätze zu finden. Diese Art der magischen Divination bezeichnet man als Axinomantie. Das Zeremoniell verlief wie folgt: Eine doppelköpfige Axt wurde bis zur Rotglut erhitzt und aufrecht hingestellt, indem man den Stiel in ein Bodenloch steckte.

Nun wurde ein runder Achat vorsichtig auf die glühende Axt gelegt. Falls der Achat dort liegen blieb, musste der Fragende anderswo suchen. Falls der Stein aber zu Boden fiel, gab dies die Richtung an, in der man den verborgenen Schatz finden konnte.

ANGEBLICH BESÄNFTIGT DER ACHAT DIE UNBÄNDIGEN KRÄFTE VON BLITZ UND DONNER.

Schlafes Bote

Das Tragen von Ringen und Anhängern aus Achat wurde empfohlen, um einen gesunden Schlaf, ruhige und zufriedene Wachstunden, ein umgängliches Wesen, Gesundheit und ein langes Leben zu erhalten. Von einem Achat zu träumen deutet auf eine Seereise hin; entsprechend soll der Stein auch gegen Seekrankheit gewirkt haben.

TURMALIN

»In die gleiche Gruppe der feuerroten Steine gehört auch ›lychnis‹ (vermutlich Turmalin), so benannt nach dem Entfachen der Lichter, denn dann ist er außergewöhnlich schön ... Für mich gibt es davon noch weitere Abarten, eine mit purpurnem und eine andere mit scharlachrotem Glanz. Von der Sonne erhitzt oder zwischen den Fingern gerieben, sollen sie Halme und Papyrusfasern anziehen.«

PLINIUS DER ÄLTERE (23–79 N. CHR.)

Turmalin ist ein Komplex aus Borsilikaten mit Aluminium und verschiedenen anderen Metallen – seine chemische Formel besteht aus nicht weniger als 50 Zeichen. Er ist das farbenreichste aller Mineralien und seine Kristalle können eine Länge von mehreren Metern erreichen.

REGENBOGENFARBEN

Wegen seiner Farbvielfalt wird Turmalin leicht mit vielen edleren Steinen verwechselt. Dieser relativ preiswerte Stein kann farblos, rosa, grün oder braun sein und die unterschiedlichsten Zwischentöne aufweisen. Steine mit einem attraktiven, ungewöhnlichen Rotblau, die aus dem russischen Ural stammen, bezeichnet man als Siberit.

Nicht ungewöhnlich sind zwei- oder dreifarbige Steine – beispielsweise an einem Ende rosa, in der Mitte farblos und grün am anderen Ende des Kristalls oder der Facettenfläche. Quer durchgeschnitten, zeigen manche Kristalle ein von einem grünen Rand umgebenes rosafarbenes Zentrum, einer Melonenscheibe sehr ähnlich. Dieser »Wassermelonen-Turmalin« stammt zumeist aus Brasilien.

Brasilien ist auch die Heimat eines attraktiven, intensiv smaragdgrünen Steins, dem »brasilianischen Smaragd«. Genauer gesagt handelt es sich um den Chromturmalin, den der Laie leicht mit einem echten Smaragd verwechseln könnte. Früher weihte man diese Varietät des grünen Turmalins und verwendete sie für bischöfliche Ringe.

Andere Turmalinkristalle zeigen im Querschnitt einen rosafarbenen Rand um ein grünes Zentrum. Sie stammen aus edelsteinführenden Kiesgruben und Minen in Mosambik, Angola, Tansania und Sambia.

Legenden

TURMALIN

HOLLÄNDISCHE VERBINDUNGEN

Die holländischen Siedler, denen der Magnetismus des erhitzten Turmalins aufgefallen war, benutzten lange, unbearbeitete Kristalle, um ihre Tabakpfeifen zu säubern. Deshalb bezeichneten sie den Stein als *Aschentrekker* (»Aschenzieher«).

Obwohl man im Mittleren und Fernen Osten bereits seit Jahrhunderten Turmalinschmuck hergestellt hatte, erhielt der Stein erst dann größere Bekanntheit und Bewunderung, als ihn die Holländer um 1700 nach Europa einführten. Etwa ab 1750 mauserte sich der Turmalin zu einem höchst begehrten Schmuckstein, so dass man seinen prosaischen Namen allmählich aufgab und ihn nach dem singhalesischen Turmali bezeichnete.

Magnetisch und elektrisch

Wenn beide Enden eines natürlichen Kristalls flächig sind, haben sie sich mit unterschiedlicher Ausrichtung entwickelt und entsprechen einander nicht. Dieses als Hemimorphie bezeichnete Phänomen verleiht dem Stein bestimmte elektrische Eigenschaften. Turmalin beispielsweise ist pyroelektrisch, lädt sich also bei Erwärmung elektrisch auf und ist daher ideal für Thermometer geeignet. Turmalin ist außerdem piezoelektrisch und findet daher bei Tiefen- oder Druckmessgeräten Verwendung. Wenn Turmalinscheiben entlang dem Kristall von einer Prismenfläche abgeschnitten werden, polarisieren sie das Licht.

BEISPIELE FÜR DIE FARBENVIELFALT.

FEUERSTEIN

»Der spröde Flint sein inn'res Herz dem Blick versagt, bis Kunst und Kraft den widerwill'gen Funken offenbart.«

WILLIAM CONGREVE (1670–1729)

Es mag überraschen, in diesem Buch ein Kapitel über den Feuerstein oder Flint vorzufinden, doch das ist unbedingt gerechtfertigt, da dieses Mineral über verschiedene Zeitalter hinweg sehr begehrt war. Der Name »Flint« ist vom griechischen *plinthos* (»Ziegel«) abgeleitet. Feuerstein liegt meist in Form von Knollen vor, eingebettet in eine weiße Verwitterungskruste. Er gilt als unreine Form des kryptokristallinen Chalzedons.

Feuerstein ist hart, lässt sich aber leicht bearbeiten – eine vom neolithischen Menschen, der den Stein zu den unterschiedlichsten Waffen und Werkzeugen zurechthaute, sehr geschätzte Eigenschaft.

Die im Mittelalter ausgegrabenen Pfeilspitzen aus Feuerstein und die fossilen Haizähne hielt man damals für die versteinerten Zungen von Schlangen und nannte sie *glossopetrae* (»Zungensteine«). Sie wurden oftmals in Silber eingefasst und als Talisman verwendet, um das Vieh vor Verzauberung durch Feen und Elfen zu schützen.

FESTER BLITZ

In Silber eingefasste Pfeilspitzen betrachtete man als ein greifbares Sinnbild des Blitzstrahls, das die Häuser, in denen man sie aufbewahrte, mitsamt der Nachbarschaft vor Blitzschlag bewahrte.

In ähnlicher Weise hielt man die in vielen Teilen Europas geborgenen steinzeitlichen Hammerköpfe aus Flint für

Geschichte

FEUERSTEIN

DIE COTTAGES IN NORTHREPP IN DER NÄHE VON CROMER (NORFOLK) SIND MIT FEUERSTEIN VERMAUERT, WAS FÜR REGIONEN MIT REICHEM FLINTVORKOMMEN NICHT UNGEWÖHNLICH IST.

FAKTEN UND FANTASIE

DIE ALTÄGYPTISCHEN PRIESTER LIESSEN MESSER AUS FLINT FÜR DEN ERSTEN RITUELLEN LEICHENSCHNITT VOR DER EINBALSAMIERUNG FERTIGEN. AUCH GAB ES SKARABÄEN (STILISIERTE DARSTELLUNGEN DES PILLENDREHERS) AUS FLINT, DENEN MAN EINEN BESONDEREN EINFLUSS AUF DAS HERZ ZUSCHRIEB UND DIE MAN IN DER HOFFNUNG TRUG, DASS SIE DAS HERZ SCHÜTZEN UND IHREM BESITZER EIN LANGES LEBEN BESCHEREN WÜRDEN.

Legenden

FEUERSTEIN

ein handfestes Symbol des Donners. Aus Flint errichtete Häuser, Kirchen und Mauern sind in England vielerorts noch heute anzutreffen. Große Teile dieses Feuersteins können durchaus von den alten, einst sehr aktiven Minen stammen, die man in den Kreideebenen Süd- und Ostenglands entdeckt hat.

In manchen nordischen Sagen wirft der Donnergott Thor mit Hammerköpfen aus Flint nach ungezogenen Trollen, um sie zur Räson zu bringen.

Heiliger Flint

Im Norden Englands war es Brauch, sich einen durchlöcherten Feuerstein umzuhängen oder ihn am Schlüssel für Scheune oder Viehstall zu befestigen. Diese Steine nannte man Heilige Steine, Furien-, Alptraum- oder Hexenreitsteine. Angeblich schützten sie Mensch und Tier vor bösen Geistern, vor allem vor den auf Kühen reitenden Furien. Die Steine sollten auch verhindern, dass die Milch bei Gewitterstürmen sauer wurde. Die ostpreußischen Bauern molken ihre Kühe so, dass der Melkstrahl durch einen Feuerstein ging, und noch heute haben einige abergläubische englische Bauern einen Feuerstein im Milchraum hängen.

Heilender Flint

Bereits 300 v. Chr. berichtet der Philosoph Theophrastos über zahlreiche Heilkräfte, die dem Feuerstein nach Ansicht der Ärzte zukommen. So etwa sagte man ihm die Fähigkeit nach, Nieren- und Blasensteine zu zertrümmern.

Im Mittelalter wurde jede irische Frau, die das Glück hatte, eine Pfeilspitze aus Flint oder einen fossilen Haizahn zu finden, in den Rang einer dörflichen »Medizinalrätin« erhoben. Ihre Behandlungsmethode bestand darin, die Pfeilspitze in Wasser zu tauchen und sie dem Kranken zu verabreichen. Auch Pferde und Kühe, die durch »Elfenpfeile« verwundet wurden, erhielten das Heilwasser. Noch bis in die jüngste Vergangenheit hinein trugen viele irische Farmarbeiter einen Talisman in Form einer in Silber eingefassten Pfeilspitze zum Schutz vor Verwünschungen durch Feen und Elfen.

FAKTEN UND FANTASIE

- DOPPELSEITIGE FLINTWERKZEUGE, SPÄTES ACHEULÉEN (20000–15000 V. CHR.).
- IM 15. UND 16. JAHRHUNDERT VERFESTIGTE SICH DER GLAUBE, DASS DIE FOSSILEN GLOSSOPETREN DIE ZÄHNE VON HEXEN UND VAMPIREN SEIEN, DIE AUF DAS BLUT KLEINER KINDER AUS SIND.

Vielfältige Wirkung

Die durchlöcherten Furiensteine konnten angeblich Störungen verhindern, wie sie durch den auf dem Bauch des Schlafenden sitzenden Dämon verursacht wurden. Ein unter das Bett gelegter Stein soll nach Ansicht der Bewohner der Midlands gegen Krämpfe und Rheuma gewirkt haben. In skandinavischen Legenden gießen die weisen Frauen Bier über einen Feuerstein und verabreichen dieses Gebräu werdenden Müttern.

OPAL

»Vor grauen Jahren
lebt ein Mann in Osten,
der einen Ring von unschätzbarem Wert
von lieber Hand besaß.
Der Stein war ein Opal,
der hundert schöne Farben spielte.«

LESSING IN *NATHAN DER WEISE*

Das prächtige Farbenspiel des Opals entsteht durch den Lichteinfluss durch das dreidimensionale Kristallgitter, das aus winzigen Kugeln amorpher Kieselsäure anstelle eines gleichförmigen Kristallmusters besteht.

EMPFINDLICHER STEIN

Opal entsteht aus gallertartig verfestigter Kieselsäure, kann jedoch noch bis zu zehn Prozent Wasser enthalten. Opale sind empfindlich, denn zu große Wärme bringt einen Teil dieses Wassers zum Verdunsten und nimmt dem Stein seinen Glanz. Der Übergang von einem geheizten Raum in eine kalte Umgebung kann bei einem polierten Opal Haarrisse hervorrufen, während ein zu hoher Druck Risse verursachen kann.

Dies führte bisweilen zu der Vorstellung, der Opal würde Pech verheißen; meist gilt er jedoch als Glücksbringer für jene, die ihn pfleglich behandeln.

Geschichte

◆ OPAL

Legenden

OPAL

FAKTEN UND FANTASIE

SIR WALTER SCOTTS ROMAN *ANNE OF GEIERSTEIN* (1828) BILDETE EINEN JENER EINFLÜSSE, DIE DEN ALLGEMEINEN RUF DES OPALS ALS GLÜCKSBOTE IMMER WIEDER GESCHWÄCHT HABEN. IN DIESEM ROMAN TRÄGT DIE BARONESS HERMIONE VON ARNHEIM EIN BETÖRENDES JUWEL IM HAAR, DAS OFFENBAR EINEM OPAL GLEICHT, JEDOCH NICHT ALS SOLCHER BENANNT WIRD. DER STEIN IST EIN SPIEGELBILD IHRER STIMMUNGEN: ER GLITZERT, WENN SIE HEITER IST, UND FUNKELT ROT, WENN SIE ZORNIG IST. ALS SIE ARGLOS EINIGE TROPFEN WEIHWASSER AUF DEN STEIN TRÄUFELT, ZERFÄLLT DIESER SCHLAGARTIG ZU PULVER UND HERMIONE WIRD OHNMÄCHTIG. AM TAG DARAUF FINDET SICH AUF IHREM BETT NUR MEHR EIN HÄUFCHEN ASCHE.

Der als Glasopal bekannte Hyalith ist völlig klar, zeigt jedoch ein schönes, gelegentlich spektakuläres Farbenspiel. Der Hydrophan oder Wasseropal präsentiert seine Farben erst, nachdem er in Wasser oder Öl getaucht wurde. Der Feueropal ist ein transparenter oder halbtransparenter Stein von orangeroter Farbe.

Antike Kostbarkeit

Der griechische Name des Opals war *paederos,* was »Kind« oder auch »Liebling« bedeuten konnte. Der Name wies eindringlich darauf hin, dass er die unvergleichliche Schönheit eines Kindes besaß.

Die Römer bezeichneten mit diesem Namen neben dem Opal auch den Amethyst und zwei Pflanzenarten. Plinius schrieb über das Farbenspiel: »Es ist in ihnen ein sanfteres Feuer als im Karfunkel; da sind das strahlende Purpur des Amethyst und das Meeresgrün des Smaragden – alle in unfasslicher Eintracht leuchtend.«

Die Römer waren ganz verrückt nach Opalen, die sie als Glücksbringer betrachteten. Dies ging so weit, dass Marcus Antonius den Senator Nonius ächtete, als dieser es ablehnte, sich von seinem Opal zu trennen.

WIE SEINE LANDSLEUTE SCHÄTZTE AUCH MARCUS ANTONIUS DEN OPAL SEHR UND VERBANNTE EINEN SENATOR, DER IHM SEINEN GELIEBTEN STEIN NICHT ABTRETEN WOLLTE.

Die Zeit des Mittelalters

Während des Mittelalters herrschte reger Betrieb in den ungarischen Opalminen von Chernovtsy, die im 15. Jahrhundert mehr als 300 Arbeiter beschäftigten. Solange die Minen bis Mitte des 18. Jahrhunderts aktiv waren, schätzte man ihre Opale als Talisman.

Als die Entdeckung von Opalvorkommen in Australien weltweit bekannt wurde, zeigte sich die englische Königin Viktoria hoch erfreut und gab bei ihren königlichen Juwelieren zahlreiche Schmuckstücke aus Opal in Auftrag, so dass der Stein eine neuerliche Aufwertung erfuhr.

Stein der Kaiser

Es gibt eine Legende über einen erlesenen Stein in der Krone der Römischen Kaiser, der dem Vernehmen nach über das Wohl der königlichen Familie wachte. Es soll sich um einen bemerkenswerten Opal gehandelt haben, von dem der damalige Bischof von Regensburg, Albertus Magnus (um 1200–1280), behauptete: »Nichts dergleichen hat man je gesehen ... Seine Tönung ist, als würde reiner weißer Schnee in der Farbe hellen, roten Weines blitzen und funkeln ... Es ist ein durchscheinender Stein und es ist überliefert, dass er einst des Nachts schien.« Der Opal sollte seinen Besitzer vor Ansteckung schützen und durch Verlust des Farbenspiels vor Gift warnen. Als Anhänger sollte er Trübsinn vertreiben.

GROBE OPALMATRIX AUS QUEENSLAND (AUSTRALIEN), OPALKAMEE UND ZWEI OVALE BROSCHEN AUS POLIERTEM OPAL.

MONDSTEIN

»Er ist sehr gut für die Versöhnung zweier Liebender, und während der Mond zunimmt, hilft er den Schwindsüchtigen; doch überrascht er erst bei abnehmendem Mond, denn er gestattet es, die Zukunft vorherzusagen.«

DER ARZT CAMILLUS LEONARDUS
(16. JAHRHUNDERT)

Der Mondstein zählt zu den Feldspäten, ist ein Vertreter des Orthoklas und gehört zum monoklinen Kristallsystem. Bedeutende Vorkommen gibt es in Sri Lanka, der Schweiz und Burma. Seine Spaltebenen erzeugen ein silbriges, blauweißes Chatoyieren (ähnlich wie beim Katzenauge), das sich entsprechend dem Licht verändert, das von seiner Oberfläche reflektiert wird.

MONDSPIEGELUNG

Die von Plinius erwähnten Steine *astrion, astriotes* und *ceraunia* sind aller Wahrscheinlichkeit nach mit dem Mondstein identisch. Die beiden ersten beschreibt er als transparent wie ein Bergkristall, doch mit einem hellen weißen Fleck, der sich scheinbar bewegt, wenn man den Stein zwischen den Fingern dreht und wendet. In der Antike galt dieser Fleck als Widerschein des Mondes – Plinius vergleicht *astrion* und *astriotes* mit »einem Stern, so hell wie der Vollmond«; er nahm angeblich im Takt der Mondphasen ab und zu.

Nach Plinius gehen die Namen dieser »Sternensteine« darauf zurück, dass sie das Funkeln der Sterne in sich auf-

Geschichte

◆ MONDSTEIN

Legenden

MONDSTEIN

nahmen und widerspiegelten: »Die beste Art kam aus Carmania und ward ›*cerauni*‹ (Donnersteine) genannt. Sie fangen einen hellen Stern ein und zeigen einen funkelnden, blauen Schimmer, obwohl selbst wie ein Bergkristall.« Außerdem spricht er von matten Steinen, die »falls für mehrere Tage in Soda und Essig getaucht, einen solchen Stern bilden, der nach einigen Monaten langsam erlischt«.

SELENITES

Bei Camillus Leonardus firmiert dieser Stein unter der Bezeichnung *selenites*. Er enthalte die Figur des Mondes oder eines bewölkten Sterns und die Färbung der persischen Exemplare soll mit den Mondphasen zu- und wieder abnehmen. Und weiter: »In den Mund gesteckt, der zuvor muss mit Wasser gespült werden, denkt man an Ding, die man zu unternehmen nicht schlüssig ist. Falls ja, werden sie so fest im Geiste verankert, dass man sie nicht vergessen kann, doch falls nein, verschwinden sie bald aus dem Denken.«

ONCE IN A BLUE MOON

In Asien sagt man, der blassblaue Schimmer des Mondsteins gleiche dem Mondlicht. Die besten blauen Mondsteine würden von den Gezeiten an Land gespült, wenn sich Sonne und Mond in einer besonders harmonischen Konstellation befinden; dies sei alle 21 Jahre der Fall (nach drei siebenjährigen Mondzyklen). Hieraus entstand möglicherweise die englische Wendung »once in a blue moon« (alle Jubeljahre).

DIE REGENBOGENFARBEN ENTSTEHEN DURCH DIE SPALTEBENEN.

DEN MONDSTEIN BRINGT MAN SEIT JEHER MIT DER GANZ BESONDEREN QUALITÄT DES MONDLICHTS IN VERBINDUNG.

BERGKRISTALL

»Warum er mit sechseckigen Flächen entsteht, kann nicht ohne weiteres erklärt werden; und jede Erklärung wird dadurch verkompliziert, dass die Endpunkte nicht symmetrisch und doch die Flächen von so vollkommener Ebenheit sind, wie keine Handwerkskunst sie schaffen könnte.«

PLINIUS DER ÄLTERE: *NATURALIS HISTORIA*

Die in der Antike gängige Idee über die Kristallbildung basiert auf der Vorstellung, dass die Kristalle aus Eis bestehen und an fernen, eisigen Orten entstanden sind (siehe Seite 16). Später fand man, dass man damit ein bestimmtes Mineral meinte – den Quarz, vor allem in seiner klaren, farblosen Form. Farblos klaren Quarz bezeichnen wir heute als Bergkristall.

Quarz besteht aus Siliziumdioxid und ist eines der häufigsten Mineralien, da er annähernd 60 Prozent der Erdkruste ausmacht. Alle goldenen Sandstrände dieser Welt bestehen aus winzigen Quarzkristallen, die ihre Farbe dem vom Wasser herangeführten Eisen verdanken. Die Farbe hängt von dem jeweiligen Übergangselement ab, so dass folgende Varietäten entstehen:

- Amethyst (violett); siehe Seite 62–65
- Rosenquarz (rosa)
- Citrin (gelb)
- Bergkristall (farblos)

Geschichte

BERGKRISTALL

QUARZ MIT STÄNGELIGEN RUTIL-EINSCHLÜSSEN (BAHIA, BRASILIEN).

Der Bergkristall ist die am weitesten verbreitete Quarzvarietät. Seine dem trigonalen System zugehörenden Kristalle zeigen ein ungewöhnliches Schraubenmuster, das entweder nach links oder nach rechts verläuft.

Die Griechen bezeichneten makellose wie etwa wasserklare Kristalle als *acenteta* (»ohne Kern«). Sie galten als Naturschönheiten und wurden nicht weiter bearbeitet. Die Römer importierten große Mengen von Bergkristall aus Alabandina in Kleinasien und modebewusste Damen trugen im Sommer zur Abkühlung Kristallkugeln in den Händen.

Besondere Eigenschaften

Heute nutzt man die pyro- und piezoelektrischen Eigenschaften des Bergkristalls. Auf der Oberfläche des Kristalls entsteht nämlich eine elektrische Spannung, wenn Wärme oder Druck auf ihn einwirken. Umgekehrt lassen sich durch Anlegen einer Spannung Verformungen erzielen. Die gleichen Phänomene treten auch bei synthetischem Quarz auf.

Diese wichtigen physikalischen Eigenschaften nutzt man bereits seit vielen Jahren, etwa bei den zum Tiefseetauchen benötigten Instrumenten. Der in großen Tiefen bestehende hohe Druck veranlasst die Quarzkristalle, entsprechende Druck- oder Tiefenmessgeräte zu »speisen«. In gleicher Weise kann Bergkristall auch den Zündfunken für Feuerzeuge oder Gasherde liefern.

Präzise Zeitmessung

Bereits der Strom von kleinen Batterien reicht aus, um die Kristalle der Quarzuhren in rasche Schwingungen zu versetzen. Diese werden von einem Mikrochip gezählt und zum Uhrmechanismus weitergeleitet. Den piezoelektrischen Effekt nutzt man auch für die Erzeugung und Steuerung von Radiofrequenzen.

Ein Freund des Soldaten

Laut Plinius verwendeten die römischen Armeen Kugeln und Linsen aus Bergkristall, um die Sonnenstrahlen zu

Legenden

Bergkristall

bündeln, wenn es galt, tiefe Wunden auszubrennen.

Viele Jahrhunderte lang glaubte man, dass Halsketten aus Bergkristall einer stillenden Frau reichlich Milch bescheren würden. Auch krankes Vieh hat der Kristall angeblich wieder gesund gemacht.

Wie William T. Fernie im 19. Jahrhundert schrieb, wurde mit Wein verrührtes Bergkristallpulver gegen Ruhr verabreicht; transparente Quarzkristalle verwendete man, um die Hitze und das Durstgefühl bei hohem Fieber zu verringern.

Zauberer, Talismane und Hellseher

Der Blick in die Zukunft mit Hilfe einer Kristallkugel ist ein sehr altes Ritual. Ab dem 5. Jahrhundert bestanden diese Kristalle meist aus Beryll, wurden jedoch Mitte des 19. Jahrhunderts durch Kugeln aus Bergkristall verdrängt (Glaskugeln kamen um die Jahrhundertwende auf).

Die Medizinmänner der australischen Aborigines behaupten, dass kleine Bergkristalle (sogenannte Ultunda-Steine) in ihrem Körper für persönliche magische Kräfte sorgen, solange sie dort bleiben.

In *The Handbook of American Indians North of Mexico* (1910) ist nachzulesen, wie aus dem Bergkristall ein Jagdtalisman wurde. Dort galt er als etwas Lebendiges, das ernährt werden musste, indem man ihn mit dem Blut der erlegten Beute einrieb.

FAKTEN UND FANTASIE

- DIE WELTGRÖSSTE KRISTALLKUGEL MIT EINEM DURCHMESSER VON MEHR ALS 30 ZENTIMETERN ENTSTAND IN CHINA AUS BURMESISCHEM BERGKRISTALL.
- IM SMITHSONIAN INSTITUTE (USA) IST EINE NAHEZU GLEICH GROSSE BERGKRISTALLKUGEL AUSGESTELLT.
- EIN EHRFURCHT GEBIETENDES BEISPIEL AZTEKISCHER HANDWERKSKUNST IST IN FORM EINES ETWA 20 ZENTIMETER BREITEN SCHÄDELS AUS BERGKRISTALL ERHALTEN.
- IN MANCHEN TEILEN ASIENS GILT BERGKRISTALL ALS UNREIFER DIAMANT.

ZIRKON

»Er erhebt den Menschen zu hohen Ehren und schützt vor epidemischen Krankheiten.«

DER ARZT CAMILLUS LEONARDUS (16. JAHRHUNDERT)

REISENDE WIE ETWA DIE KREUZFAHRER FÜHRTEN EINEN ZIRKON MIT SICH.

Dieses Mineral besteht aus Zirkoniumsilikat und gehört dem tetragonalen Kristallsystem an. Bei einem bestimmten Zirkontyp wurde die Kristallstruktur im Laufe der Jahrmillionen zu einer nahezu amorphen Masse aufgebrochen. Verantwortlich ist die Strahlung von Uranpartikeln, die während der Bildung des Steins in dem Zirkon eingeschlossen wurden oder sich angelagert haben. Zirkon kommt in Sri Lanka, Burma, Thailand, Südwestafrika, Australien, Frankreich, den USA und Kanada vor.

Während der Kreuzzüge und noch viele Jahrhunderte danach bezeichnete man mit dem Wort »Jargon« die farblosen bis blassgelben Zirkone. Gelbrote Zirkone nannte man »Hyazinth« (oder »Jazinth«).

Weil es damals noch an Fachkenntnissen mangelte, hielt man den Hessonit (eine Varietät des Granats) fälschlicherweise für einen Hyazinth.

Der Name »Jazinth« ist arabischen Ursprungs, wenngleich der Hyazinth auch in einer griechischen Legende vorkommt. Diese setzt die Farbe des Steins mit der Farbe jener Blume gleich, die Apollon aus dem Blut des Hyacinth, den er irrtümlich erschlagen hatte, sprießen ließ.

Ob der moderne mit dem antiken Zirkon identisch ist, bleibt zweifelhaft.

Beispielsweise verfügte *Lapis Hyacinthus* nach Plinius über den violetten Glanz des Amethyst, »verdünnt mit dem Ton der Hyacinthblume«. Bei die-

Geschichte

ZIRKON

FAKTEN UND FANTASIE

SKRUPELLOSE »STEINKÖCHE« ERHITZEN DIE BRAUNROTEN ZIRKONKRISTALLE, UM ANDERE SCHMUCKSTEINE ZU IMITIEREN. DIE JEWEILS DURCH DAS ERHITZEN ENTSTEHENDE FARBE LÄSST SICH SCHLECHT BEEINFLUSSEN, DOCH GEWANN MAN GUTE FARBLOSE STEINE, DIE ALS DIAMANTEN AUSGEGEBEN WURDEN – DENN DAS FEUER DES FARBLOSEN ZIRKONS KOMMT DEM DES DIAMANTEN AM NÄCHSTEN.

WENN MAN ZIRKON ZUSAMMEN MIT HOLZKOHLE IN EINEM SCHMELZTIEGEL ERHITZT, NIMMT ER EINE AUFFALLEND SCHÖNE BLAUFÄRBUNG AN. DIESE ATTRAKTIVEN STEINE BEZEICHNET MAN ALS »STERNENLICHT«.

Legenden

ZIRKON

sen blauen Steinen dürfte es sich in Wahrheit um blauen Korund (Saphir) gehandelt haben.

In der Neuzeit galt der Zirkon als preiswerter Doppelgänger des Diamanten. Von 1886 an stieg die Nachfrage rasant an, da man Zirkon in bestimmten Gasherden verwendete.

Sagen und Legenden

Aus einem von Marbod geprägten lateinischen Vers wissen wir von dem Glauben, dass Jacinth den Menschen umgänglich und attraktiv macht. Camillus Leonardus schreibt: »(der Stein) kräftigt das animalische Leben, vor allem das Herz, und erhöht Scharfsinn, Ruhm und Reichtum«.

Paracelsus (1493–1541) empfahl mit Laudanum gemischtes Jacinth-Pulver gegen Fieber durch »Feulnis von Lufft oder Wasser«, während Francesco India, ein angesehener veronesischer Arzt des 16. Jahrhunderts, nicht von der Wirkung pulverisierter Steine überzeugt war, wohl aber dass ein über dem Herzen getragener Jacinth dieses Organ erheblich stärken würde. Ein anderer Autor meinte jedoch, dass »er bevorstehendes Unwetter anzeigt, wenn er die Farbe von brennender Kohle annimmt« und »seine Farbe verliert, sobald er von einem Pestkranken getragen wird«.

Von Gott geliebt

Laut Konrad von Megenberg *(Buch der Natur,* 1349), der Thomas de Cantimpré zitiert, bewirkte der Stein, dass sein Besitzer »von Gott und den Menschen geliebt« wurde.

Er schützte ihn vor Melancholie und Gift und half bei Verdauungsproblemen, Gelbsucht, Wassersucht und allen Arten von Fieber. Sogar als Barometer war er zu gebrauchen, denn das unmittelbare Bevorstehen schlechten Wetters ließ den Stein trübe und wolkig werden. Wenn er sich übermäßig stark aufhellte, verhieß dies jedoch einen schönen, sonnigen Tag.

Der Gelehrte Anselmus Boetius de Boot *(Gemmarum et lapidum,* 1636) empfahl dem Schlaflosen, einen in Gold eingefassten Jacinth zu tragen; Leonardus übermittelt allerdings glaubhaft die Warnung des Aristoteles, der Stein würde »eine Frau für eine Fehlgeburt vorbereiten«.

Händler und Reisende

Ob zu Hause oder im Ausland – Händler trugen den Stein stets als Talisman, der sie vor Blitzschlag, Feinden und Räubern schützen sollte. Leonardus schreibt, der Stein verleihe dem Reisenden Sicherheit, indem »keine Pestilenz in jeglichem Land sie schädige. Er erhebt den Menschen zu hohen Ehren und schützt vor epidemischen Krankheiten«.

NATURBRAUNE ZIRKONKRISTALLE.

DIAMANT

»Besser ein Diamant mit einem Makel als ein Kiesel ohne.«

KONFUZIUS (UM 551 BIS UM 479 V. CHR.)

Für die meisten Menschen verkörpert der Diamant den Edelstein schlechthin, dessen Eigenschaften und Schönheit seit jeher geschätzt werden. Wegen seiner unübertroffenen Härte (siehe die Mohssche Härteskala auf Seite 11) gaben die Griechen diesem Mineral den Namen *adamas,* was »hart« und »unbezwingbar« bedeutet.

Viele Autoren schrieben über den Diamanten. Bereits der große römische Gelehrte Plinius beobachtete die außergewöhnliche Härte dieses bemerkenswerten Minerals. Wenn man ihn aber in frisches, noch warmes Ziegenblut eintauche, würde er weicher, obwohl er auch dann noch »alles außer die besten Ambosse und Eisenhämmer zerbricht«. Beim Zerteilen, so Plinius weiter, zerlege sich der Diamant in feine Splitter, die »bei den Steingraveuren sehr begehrt sind und in eiserne Werkzeuge eingefügt werden, da sie ohne weiteres Löcher auch in die härtesten Materialien machen«.

PRÄCHTIG, HART UND SELTEN: DER DIAMANT IST DER STEIN DER STEINE.

SEHR ENGE BINDUNGEN

Diamanten bestehen aus fest miteinander verbundenen Kohlenstoffatomen, die ihm eine sehr dicht gepackte, extrem harte Struktur verleihen.

In bestimmten Richtungen (den Spaltrichtungen) bestehen jedoch Bindungsschwächen, die ein Zerlegen des Diamanten gestatten. Durch kluge Nutzung dieser Spaltrichtungen lässt sich ein Rohdiamant in eine Form bringen, die Gewicht und Gestalt optimal zur Geltung bringt.

Heutzutage weiß man genau, woraus der Diamant besteht und welche Temperaturen und Drücke erforderlich sind, um eine Grafitform des Kohlenstoffs in einen Diamant zu verwandeln. Die wahren Ursprünge sind jedoch noch nicht vollständig erhellt.

Manche Forscher meinen, die Kohlenstoffatome, die den Diamanten ausmachen, stammten aus Gasen, die sich in den Magmakammern des Erdmantels gebildet haben und durch Konvektionsströme innerhalb des Magmas einander zugeführt wurden. Das Magma würde nun zu einer »Nährlösung« für die Diamanten.

KIMBERLIT

Unter den immensen Drücken und Temperaturen des Erdmantels schiebt sich das Magma bisweilen durch einen kleinen Spalt in der Erdkruste (vergleichbar mit ausgequetschter Zahnpaste). Während das Magma abkühlt, bilden sich Diamant- und andere Edelkristalle und gelangen mit dem Magma an die Erdoberfläche. Dieses Magma bezeichnet man in Fachkreisen als Kimberlit, benannt nach der Ortschaft Kimberley (bei Johannesburg in Südafrika), wo man erstmals nach Diamanten grub. Vor Jahrmillionen erreichten solche Explosionsröhren eine Länge von mehreren Kilometern.

DIAMANTKRISTALLE

Der Diamant gehört zum kubischen Kristallsystem, kommt jedoch selten in Würfelform vor. Die übliche Form ist das Oktaeder (zwei vierseitige Pyrami-

FAKTEN UND FANTASIE

DIE REINHEIT VON DIAMANTEN WIRD WIE FOLGT ABGESTUFT:

1	LUPENREIN
2	SEHR, SEHR KLEINE EINSCHLÜSSE
3	SEHR KLEINE EINSCHLÜSSE
4	KLEINE EINSCHLÜSSE
5	DEUTLICHE EINSCHLÜSSE
6	GRÖSSERE EINSCHLÜSSE
7	GROSSE EINSCHLÜSSE

den, Basis an Basis), ferner das Dodekaeder (zwölf rautenförmige Flächen) und das Ikositetraeder (zwölf trapezförmige Flächen).

Bisweilen sind die oktaedrischen Flächen durch drei- oder sechsseitige Pyramiden ersetzt und oft findet man missgebildete Kristalle etwa in Form von Dreiecken, »Hundezähnen« oder länglichen Dodekaedern.

Lichteffekte

Die Schönheit des Diamanten verdankt sich vor allem seinem Feuer und Glanz. Dieser nur dem Diamanten eigene Effekt ist abhängig von der Qualität und der Quantität des von der Oberfläche (etwa 17 Prozent) und des innerhalb des Steins reflektierten Lichts (etwa 80 Prozent). Bei der Verarbeitung eines Diamanten zu einem runden Brillanten sind folgende Komponenten von Bedeutung:

1. Die Tafel – die zentrale obere Facette.
2. Die Sternfacetten, welche die Tafel umgeben.
3. Die Rondistefacetten – längliche Facetten auf der unteren Seite des Steins.

Das durch die Tafel einfallende Licht wird durch die Rondistefacetten vollständig aus dem Stein reflektiert, teils durch die Tafel und teils durch die Sternfacetten. Die optimalen Facettenwinkel wurden sorgfältig berechnet – so etwa ist der Winkel, in dem das Licht auf die Sternfacetten trifft, entscheidend für das berühmte Feuer. Gestalt und Proportionen sind weitere bedeutende Faktoren.

Da sich der fertige Brillant wie ein Prisma verhält, werden die einfallenden Lichtstrahlen in ihre Wellenlängen zerlegt. Die Beugung ist beim langwelligen roten Licht am geringsten und beim kurzwelligen violetten Licht am größten. Diese Zerlegung weißen Lichts in seine farbigen Bestandteile bezeichnet man als Dispersion.

Ein Teil des innen reflektierten Lichts tritt durch die Sternfacetten aus und erzeugt dabei prismatische Farbblitze – eben das »Feuer«. Grüner Demantoid und Zirkon sind die einzigen natürlichen Schmucksteine, deren Oberflächenglanz und Feuer dem des Diamanten nahe kommt.

UNTER ULTRAVIOLETTEM LICHT FLUORESZIERENDE DIAMANTKRISTALLE.

DIAMANTSCHMUCK WAR WÄHREND DER HERRSCHAFT ELISABETHS I. POPULÄR.

Geschichte

DIAMANT

Im Mittelalter war der Diamant der Talisman der Ritter, und wer es sich leisten konnte, ließ Rüstung, Schild und Schwertgriff mit Diamanten besetzen – in der Hoffnung auf Schutz und Sieg. Die meist aus Indien stammenden Steine wurden in völlig unbearbeitetem Zustand auf den Rüstungen montiert.

Mehrere Jahrhunderte sollten vergehen, bis die indischen Diamantschleifer einen Weg entdeckten, den Diamanten mit einer Tafel zu versehen. Allmählich wurde der Diamant zum besten Freund der Damen; die hübsche Agnes Sorell war die erste »Bürgerliche«, die eine Diamanthalskette trug.

Agnes war die Geliebte Karls VII. von Frankreich. Eines Tages lernte sie den wohlhabenden Kaufmann Jacques Coeur kennen. Da Karl kaum noch Geld besaß, um seinen Krieg gegen England fortzusetzen, bat Agnes ihren Bekannten, dem König auszuhelfen, damit er seine Soldaten entsolden konnte. Im Gegenzug wurde Jacques zum Finanzberater des Königs und dank Agnes' Überzeugungskraft auch zum Vorsteher der Königlichen Münze ernannt.

Jacques bedankte sich bei Agnes mit einigen Diamanten, die von den besten Goldschmieden zu erlesenem Schmuck verarbeitet worden waren. So war die liebreizende Agnes die erste Bürgerliche, die Diamantschmuck, und die erste Europäerin, die eine diamantene Halskette trug.

Königliche Ringe

Lange Zeit herrschte in den europäischen Königshäusern die Tradition, erbrachte Dienste mit Ringen zu entlohnen, die man stets in großer Zahl an jedem Finger trug. Der englische König Heinrich VIII. verzierte sogar seinen Daumen mit Ringen und ein Bildnis des spanischen Nationalhelden El Cid im Escorial-Kloster zeigt zahlreiche Ringe an jeder Hand.

Während der Herrschaft von Elisabeth I. wurden »Kritzelringe« modern – schwere Goldringe mit einer eingelassenen Diamantspitze, mit der die damaligen Dandys süße Nichtigkeiten auf die Fenster ihrer Erkorenen kritzelten. Eine verbürgte Anekdote berichtet, dass Sir Walter Raleigh Folgendes auf Elisabeths Fenster schrieb: »Gern würde ich aufsteigen, doch ich fürchte den Fall.« Darauf die Königin: »Wenn Euch das Herz verzagt, steigt erst gar nicht auf.«

Oberflächenbehandlung

Diamanten waren damals nur in geringsten Mengen verfügbar. Gelegentlich handelte es sich um natürliche Diamantkristalle, die keiner Politur bedurften, da sie durchsichtig waren wie Glas.

FAKTEN UND FANTASIE

BIS ZUM 18. JAHRHUNDERT KAMEN DIE MEISTEN DIAMANTEN AUS INDIEN. DIAMANTEN WURDEN BEREITS 800 V. CHR. GEHANDELT. ZUSAMMEN MIT GOLD, RUBIN, SAPHIR UND GRANAT WURDEN DIE INDISCHEN DIAMANTEN AUS ALLUVIALEN LAGERSTÄTTEN GEBORGEN, ALSO NICHT AUS KIMBERLIT-SCHLOTEN WIE DER GROSSTEIL HEUTIGER DIAMANTEN AUS ANDEREN WELTREGIONEN.

LAUT S. M. TAGORE (1879) BESICHTIGTE DER FRANZÖSISCHE HÄNDLER UND FORSCHUNGSREISENDE TAVERNIER DREI INDISCHE DIAMANTMINEN. TAVERNIER GIBT EINE LEBENDIGE BESCHREIBUNG EINER DIESER MINEN, INDEM ER SAGT, DIE MÄNNER SEIEN ANGESTELLT, UM ZU GRABEN, »UND DIE FRAUEN UND KINDER, UM DIE ERDE ZU TRAGEN«.

Um 1500 gesellte sich dem Tafelschliff ein neuer Stil hinzu, der ihn bald verdrängen sollte: der für dünne, flache Steine besonders geeignete Rosenschliff. Viele im neuen Stil geschliffenen Steine unterlegte man mit einer entsprechend facettierten Goldplatte, so dass unter geschickten Händen beeindruckende Schmuckstücke entstanden.

Der Pfauenthron

Ab 1631 unternahm der französische Forschungsreisende Tavernier sechs Vorstöße in den Fernen Osten. Er brachte eine reiche Ausbeute an Diamanten und anderen Edelsteinen nach Hause, die aus den Palästen der Großmogule und weniger bedeutenderer Herrscher stammten. In seinem 1676 veröffentlichten Reisebericht schreibt er über diverse ungewöhnliche Steine.

In seiner Beschreibung des Pfauenthrons am Hof von Delhi heißt es beispielsweise: »Der untere Teil des Baldachins ist ganz mit Perlen und Diamanten besetzt. Oben thront ein Pfau mit gespreizten Federn aus Saphiren und anderen Steinen ... Wenn der König den Thron einnimmt, ist dort ein klares Juwel mit einem diamantenen Anhängsel von vielleicht 80 bis 90 Karat, umsäumt mit Rubinen und Smaragden, so gehängt, dass es immer in seinem Blick liegt ... Zu beiden Seiten des Throns sind zwei Sonnenschirme, deren Stiele mit Diamanten besetzt.«

Brasilianische Diamanten

Zwei wichtige Faktoren verbesserten die Versorgung mit Diamanten:

- Vasco da Gama hatte einen neuen Seeweg nach Indien entdeckt.
- Entsprechend wurde die Produktion der indischen Minen angekurbelt.

Indien blieb bis etwa 1728, als man auch in Brasilien Diamanten entdeckte, der führende Diamantlieferant.

IM UHRZEIGERSINN, VON LINKS NACH RECHTS: DIAMANTEN IM KONGLOMERAT (NAMAQUALAND), IN KIMBERLIT (SÜDAFRIKA) UND IN EINER MATRIX (SIBIRIEN).

DIE FARBIGEN DIAMANTEN KOMMEN VOR DEM GAGAT-HINTERGRUND SEHR GUT ZUR GELTUNG.

Der Besitz eines Diamanten soll gegen verheerende Krankheiten wie etwa die Pest immun machen. Auch garantierte er absolutes Freisein von Dämonen, indem er die gefürchteten Inkubi und Sukkubi zähmte. Es war diese Macht des Diamanten gegenüber dem Unheil, die dazu führte, dass man diamantene Verlobungsringe miteinander austauschte, zumal der Ringetausch als Beweis der Zuneigung bereits im 16. Jahrhundert fest etabliert war.

Tal der Diamanten

In einer mineralogischen Abhandlung des arabischen Philosophen Al Kazwani aus dem 9. Jahrhundert wird behauptet, der Philosoph Aristoteles habe Folgendes erzählt: »Außer meinem Schüler Alexander hat nie jemand das Tal der Diamanten gefunden. Es liegt im Osten, entlang der großen Grenze nach Khurasan, und dieses Tal ist mit dem Lande Hind verbunden. Der Blick dringt nicht bis in die größten Tiefen, und Schlangen sind dort, wie sie der Mensch noch nie erblickt und sie nicht kann anschauen, ohne zu sterben ... Nun ließ Alexander einen eisernen Spiegel bringen und am Ort der Schlangen aufstellen; und als sich diese näherten, erblickten sie ihr eigenes Spiegelbild, und dies führte zu ihrem Tod. Hierauf wollte Alexander die Diamanten bergen, doch niemand wagte den Abstieg. Alexander befragte seine weisen Männer, die ihm rieten, Stücke von Fleisch ins Tal hinabzuwerfen. Dieses ordnete er an, und so hefteten sich die Diamanten an das Fleisch und die Vögel der Lüfte ergriffen das Fleisch und trugen es aus dem Tal. Nun hieß Alexander seine Mannen, den Vögeln zu folgen und aufzulesen, was vom Fleisch abfiel.«

Tausendundeine Nacht

In späteren Jahrhunderten tauchten die unterschiedlichsten Geschichten über dieses geheimnisvolle Tal auf, so auch in *Tausendundeine Nacht* – Geschichten, die von der schönen Scheherazade erzählt wurden, um einen mächtigen arabischen König davon abzuhalten, sie zu töten.

Hierzu gehört auch die Erzählung von Sindbad dem Seefahrer, der aus den Fängen eines Riesenvogels in ein unzugängliches Tal fällt. Der Talgrund ist mit Diamanten und Giftschlangen übersät und Sindbad füllt sich die Taschen mit den Edelsteinen, bevor ihn ein weiterer Riesenvogel in Sicherheit bringt.

FAKTEN UND FANTASIE

ES GIBT DIAMANTEN AUCH IN DEN FARBEN ROSA, BLAU, GRÜN, KANARIENGELB, ZIMT UND SCHWARZ MIT UNTERSCHIEDLICH GEFÄRBTEN EINSCHLÜSSEN. IN INDIEN FÜRCHTETE MAN SICH AM MEISTEN VOR BLUTROTEN EINSCHLÜSSEN, DIE ALS UNHEILVOLL GALTEN. 1896 SCHRIEB EIN FRANZOSE ÜBER DIE STEINE ASIENS: »EIN DIAMANT, DER TEILWEISE BLUTROT ODER ROT GEFLECKT IST, BRINGT SEINEM TRÄGER RASCH DEN TOD, SEI ER AUCH DER MEISTER DES TODES.«

Legenden

DIAMANT

Marco Polo

Auch Marco Polo berichtet von diesem Tal und gibt an, es liege im Königreich »Motupali«, das bis etwa 1295 von Königin Rudrama Devi beherrscht wurde. Inzwischen weiß man, dass sich die Diamantminen in Golconda (Hyderabad) befinden.

Außerdem erfahren wir, dass Diamanten in zahlreichen Bergen vorkommen: »Wenn es regnet, rauscht das Wasser zu Tal und bannt sich den Weg durch mächtige Schluchten und Höhlen. Nachdem der Regen aufgehört hat und das Wasser abgeflossen ist, finden die Männer in diesen Schluchten gar viele Diamanten. Allein, die Berge sind derart verseucht mit Schlangen von immenser Größe und Umfang, dass man dort nicht ohne ernste Gefahr sein kann.«

Anschließend beschreibt er ein tiefes Tal voller Schlangen mit Furcht erregenden Steilwänden und großen Adlern, die sich von den giftigen Schlangen ernähren. Die Diamanten werden in der von Aristoteles beschriebenen Weise gewonnen, obwohl man sie auch in den Exkrementen der Adler findet.

Manche Forscher glauben, das Tal liege irgendwo in den Serendib-Bergen (Sri Lanka), doch die genaue Lage ist seit langem unbekannt.

Kostbare Arznei

Papst Klemens VII. erhielt 1532 von seinen Ärzten diverse kostspielige Edelsteine (meist Diamanten) in Pulverform verordnet. Die Spanier verwendeten größere Mengen von Diamantstaub zur Behandlung der Pest und von Blasenleiden.

Die hinduistischen Ärzte waren fest davon überzeugt, dass aus makellosen Steinen gewonnenes, intern verabreichtes Diamantpulver Schönheit, Kraft, Energie, reine Haut, Glück, langes Leben und dauerhaftes Wohlbefinden garantieren würde. Pulver aus unreinen Diamanten würde indes alle möglichen Krankheiten verursachen, von Lähmungen bis zur Schuppenflechte.

NUR DER RICHTIGE SCHLIFF BRINGT DAS FEUER DES DIAMANTEN ZUR GELTUNG.

Der Kohinoor

Zu Lebzeiten von Schah Dschahan (um 1600) befand sich ein großer Diamant im Besitz der Moguldynastie, an den sich diverse abergläubische Vorstellungen knüpften. Die Mogule glaubten, der Besitzer dieses Diamanten, der eines der beiden Augen des Pfauenthrons im Palast von Delhi bildete, könne die Welt regieren. Im Angedenken an seine Gattin Mumtaz ließ Schah Dschahan das juwelenreiche Tadsch Mahal errichten.

Als der persische Nadir Schah 1739 in Indien einfiel und Delhi verwüstete, konnte er den begehrten Diamanten zwar nicht finden, erfuhr aber, dass Mohammed Schah (der besiegte Mogulherrscher) diesen in seinem Turban verborgen hatte.

Einladung zum Fest

Nadir besann sich auf den alten asiatischen Brauch, Mohammed zu einem Fest einzuladen, auf dem sie ihre Turbane tauschen würden. Als sich Nadir von den Feierlichkeiten zurückzog, den Turban entrollte und dabei sein glitzernder Preis zu Boden fiel, rief er »Kohinoor« (»Berg des Lichts«). So erhielt dieser Diamant seinen Namen.

Nach zahlreichen Besitzwechseln wurde der Kohinoor Königin Viktoria 1850 zum Geschenk gemacht. Damals hieß es, er würde jedem Mann, der ihn trägt, großes Unglück bringen, nicht aber einer Frau. Königin Viktoria nahm dies ernst und soll daraufhin ihr Testament wie folgt abgeändert haben: Falls ein männlicher Thronfolger den Diamanten erben sollte, darf er nur von dessen Gemahlin getragen werden.

Bis heute bildete der Kohinoor einen Teil der Kronen von Königin Alexandra, Königin Mary und (1936) von Elisabeth, der Königinmutter.

Der Sancy

Le Grand Sancy (Kurzform: Sancy) ist ein birnenförmiger Diamant von 55 Karat. Er soll einer der ersten Steine mit symmetrisch geschliffenen Facetten gewesen sein.

Nicholas Harlai, Seigneur de Sancy in Konstantinopel, wo er als französischer Gesandter wirkte, hatte den Stein, der später nach ihm benannt werden sollte, um 1570 erworben.

Nachdem er wieder nach Frankreich zurückgekehrt war, wurde Heinrich III., König von Frankreich, auf den Stein aufmerksam. Der König war sich seiner Kahlköpfigkeit wohl bewusst und trug daher stets ein samtenes Käppchen, zu dessen Verzierung er sich den Stein von Sancy »auslieh«.

Sicher ist sicher

Heinrich IV. beförderte Sancy zum Inspektor der Finanzen und bat ihn um Überlassung des Diamanten als Sicherheit für die Finanzierung seiner Armee. Der Bote, der den Diamanten überbringen sollte, traf jedoch nie beim König ein. Später fand man seine schrecklich zugerichtete Leiche in einer Hecke. Der

Legenden
DIAMANT

LEGENDEN ÜBER DEN DIAMANTEN SIND NICHT MINDER FABELHAFT WIE DER STEIN SELBST.

FAKTEN UND FANTASIE

- DIAMANT IST DIE HÄRTESTE NATÜRLICHE SUBSTANZ ÜBERHAUPT.
- DIAMANT IST FAST 150 MAL HÄRTER ALS KORUND, DAS ZWEITHÄRTESTE MINERAL.
- DIAMANT UND GRAFIT SIND BESTIMMTE ARTEN VON KOHLENSTOFF. DER FÜR BLEISTIFTMINEN BENUTZTE GRAFIT ZÄHLT JEDOCH ZU DEN WEICHSTEN ALLER NATÜRLICHEN SUBSTANZEN.
- DIE MEISTEN DIAMANTEN SIND HÖCHST UNANSEHNLICH UND WERDEN FÜR INDUSTRIELLE SCHNEID- UND SCHLEIFWERKZEUGE VERWENDET.

örtlichen Legende nach befand sich der Diamant im Magen des Boten, der ihn sicherheitshalber verschluckt hatte.

Seither wechselte der Stein mehrmals den Besitzer, ehe ihn die Astors erwarben.

Der Regent

Die Geschichte dieses Steins beginnt im Jahr 1701, als ihn ein indischer Sklave in der Parteal-Mine in der Nähe des Flusses Kistna entdeckte. Mit 410 Karat handelt es sich um einen der größten in Indien je gefundenen Diamanten.

Der Sklave soll den Stein in einer Beinwunde verborgen haben, die er sich absichtlich zugefügt hatte, bevor er entkam und die Hälfte des Wertes gegen eine Schiffspassage in ein fremdes Land eintauschte. Auf hoher See wurde er dann von dem Kapitän, der auf den Handel eingegangen war, ermordet. Es heißt, dass der Kapitän den Verkaufserlös schlichtweg versoff und sich später in einem Anfall trunkener Reue erhängte.

Nachdem der Stein durch mehrere Hände gegangen war, erwarb ihn Thomas Pitt, Gouverneur von Madras und Großvater des späteren britischen Premierministers William Pitt. Pitt sandte den Diamanten nach England, wo man zwei Jahre benötigte, ihn zu einem kissenförmigen Stein von 140 Karat zu schleifen.

Der Herzog von Orléans und Regent Frankreichs erwarb den Pitt-Diamanten 1717 und so wurde aus dem Stein der »Regent«. Ludwig XVI. ließ 1774 anlässlich seiner Krönung den Regent an auffälliger Stelle in seine Krone einfügen. Angeblich verwendete Marie Antoinette den Stein zur Aufwertung eines großen, schwarzen Samthuts. Der Regent blieb viele Jahre im Besitz hoher französischer Kreise und zierte auch das Krönungsschwert Napoleons.

Als Hitlers Truppen 1940 Paris besetzten, verbarg man den Regent hinter einem marmornen Kaminsims von Schloss Chambord. Heute ist der Regent im Louvre ausgestellt.

DIAMANTKETTE AUS DER DEM ERSTEN WELTKRIEG UNMITTELBAR VORAUSGEHENDEN »BELLE ÉPOQUE«.

Der Florentiner

Dieser Stein war einst im Besitz von Karl dem Kühnen, Herzog von Burgund, und der mächtigen Medicis. Der Legende nach ging der Diamant auf dem Schlachtfeld verloren, als die Armee Karls im Jahr 1477 geschlagen wurde. Zusammen mit einer großen Perle fand ein Soldat den Stein dort in einer kleinen Silberdose und verkaufte den Inhalt angeblich an den Priester eines benachbarten Ortes.

Der erste nachweisliche Beleg für den Stein stammt aus dem Jahr 1657 vom Forschungsreisenden Tavernier, der ihn unter den Schätzen des Großherzogs von Toskana erblickte. Seiner Beschreibung nach hatte der Diamant eine zitronengelbe Farbe. Später ging der Stein an einen weiteren Herzog von Toskana, Franz Stephan von Lothringen, und dann an das österreichische Königshaus über, als dieser 1736 Kaiserin Maria Theresia ehelichte. Schließlich bildete der Florentiner einen Teil der Habsburger Krone.

Ins Exil

Nach Auflösung der Donaumonarchie gelangte der Stein ins Schweizer Exil. Man nimmt an, dass er gestohlen und mit anderen Kronjuwelen nach Südamerika verkauft wurde. Der Diamant war als Doppelrose mit neun unregelmäßigen Seiten geschliffen, wog 137,27 Karat und besaß 126 polierte Facetten.

FARBLOSE STEINE WURDEN FRÜHER OFT ZU EINER GRUPPE ZUSAMMENGEFASST – DIAMANTEN ABER SIND EINE KLASSE FÜR SICH.

Im Zweiten Weltkrieg soll der Florentiner angeblich von den Deutschen aus Österreich abtransportiert worden sein. Hierbei handelte es sich mit hoher Wahrscheinlichkeit um eine Nachbildung.

Der Hope

Tavernier wurde 1668 Ludwig XIV. vorgestellt, der dessen fantastische Diamantenkollektion zu sehen wünschte. Unter den zahlreichen Steinen wurde dem König auch ein Stein von 112 Ka-

Legenden

DIAMANT

rat präsentiert. Der König erwarb 22 Diamanten – einschließlich des auffallend gefärbten »blauen«, der später als »Der Blaue Diamant der Krone« bekannt werden sollte. Der König ordnete an, den Stein, der in Indien mit dem Ziel minimalen Gewichtsverlusts geschliffen worden war, auf größtmögliche Brillanz umzuschleifen, wodurch sich das Gewicht auf 67,50 Karat verringerte.

In den Wirren der Französischen Revolution ging auch dieser Stein bis auf den heutigen Tag verloren.

Unglück

Der Hope verdankt seinen Namen seinem einstigen Besitzer, dem Bankier und Sammler Henry Phillip Hope, der den Stein 1830 für 90 000 Dollar erwarb. Während sich der Diamant im Besitz der Hope-Familie befand, erlangte er den zweifelhaften Ruf eines Unglücksboten – Thomas Henry Hope, Phillips Neffe, verlor sein Vermögen, nachdem er den Stein geerbt hatte.

Abdul Hamid II., ein türkischer Sultan, erwarb den Hope 1908. Er zählt zu jenen, die unter seinem angeblichen üblen Einfluss zu leiden hatten, denn es gibt einen Hinweis auf seinen nahen Tod kurz nach einer drohenden Revolution und dem Verlust seines Sultanats. So bot er den Stein öffentlich zum Verkauf an. Die Gattin des Verlegers der Washington Post, Mrs. Edward B. McLean, erwarb den Hope im Jahr 1911.

Ungeachtet der vielen Legenden über unnatürliche Tode und Unglücke kam ein Verkauf für Mrs. McLean niemals in Betracht. Sie konnte sich einfach nicht vorstellen, dass ein Stück lebloses Material einen derartigen Einfluss ausüben könne, obwohl ihr einziger Sohn tödlich verunglückte.

FAKTEN UND FANTASIE

- DER KOHINOOR, EIN MYTHENUMWOBENER DIAMANT, BILDET HEUTE EINEN TEIL DER KRONE DER BRITISCHEN KÖNIGINMUTTER.
- DIAMANTEN WIE DER HOPE VERDANKEN IHRE FARBE DEM CHEMISCHEN ELEMENT BOR. DIE MEISTEN BLAUEN DIAMANTEN REAGIEREN NICHT AUF LANGWELLIGES UV-LICHT, ZEIGEN ABER UNTER KURZWELLIGEM UV-LICHT EINE BLAUE FLUORESZENZ. DER HOPE VERHÄLT SICH AUSSERGEWÖHNLICH: NACH ABSCHALTEN VON KURZWELLIGEN UV-QUELLEN GLÜHT ER ROT WIE HEISSE KOHLE.

2

Organische SCHMUCK-STEINE

»Es ist schon verblüffend: Die Bäume, deren Lebenssaft zu dem heutigen Bernstein wurden, waren bereits 50 Millionen Jahre vor dem ersten Menschen lebendige Organismen. Was unsere beschränkte Sicht ›Antike‹ nennt, erscheint im Vergleich zum Alter des Bernsteins modern.«

BARBARA G. WALKER: *THE BOOK OF SACRED STONES – FACT AND FALLACY IN THE CRYSTAL WORLD*

Die meisten Schmucksteine sind Mineralien und somit anorganischen Ursprungs. Doch auch die Welt des Organischen bietet die unterschiedlichsten Schmuckstücke. Einige der erstaunlichsten und begehrtesten Steine stammen aus der Welt der Pflanzen oder Tiere – vom prächtigen, goldgelben Bernstein mit seinen Millionen Jahre alten tierischen Einschlüssen bis zur zarten Koralle (rechts) und der Schlichtheit der Perle.

BERNSTEIN

»Der schöne Bernstein ist eine Form
für Haar, Halm oder gar Made und Wurm.
Dies alles, wen wundert's, ist nicht eben selten,
doch wie es hineinkam, verwundert die Welten.«

ALEXANDER POPE (1688–1744)

FAKTEN UND FANTASIE

BERNSTEIN LÄDT SICH ELEKTRISCH AUF UND HAFTET AN KLEINEN STÜCKEN SEIDENPAPIER UND STROHHALMEN, WENN MAN IHN MIT EINEM TUCH KRÄFTIG REIBT. THALES VON MILET, EIN GRIECHISCHER NATURPHILOSOPH DES 6. JAHRHUNDERTS V. CHR., WUSSTE UM DIESE TATSACHE, WESHALB DIE GRIECHEN DEN BERNSTEIN ALS *ELECTRON* BEZEICHNETEN, WORAUS DAS MODERNE WORT »ELEKTRIZITÄT« ABGELEITET IST.

Bernstein besitzt meist eine charakteristische orange-goldene Färbung. Seltenere Farben sind Violett, Orange, Gelb, Grün, Blau und auch Schwarz. Bernsteinschmuck in diesen Farben ist sehr begehrt; am wertvollsten sind die blauen und die grünen Stücke. Bernstein kann klar oder durchscheinend sein und zeigt einen fettigen Glanz. Eingeschlossene Luftblasen verleihen ihm eine gewisse Trübung. Wird Bernstein in Öl erhitzt, füllen sich die Hohlräume und der Stein wird in kürzester Zeit transparent.

WAS IST BERNSTEIN?

Bernstein ist fossilisiertes Baumharz, das gelegentlich Insekten, Stücke von Moosen sowie Flechten und Kiefernnadeln enthält, die vor Jahrmillionen eingeschlossen wurden, als das Harz noch klebrig war. Trotz seiner Herkunft besitzt Bernstein die gleichen Attribute von Schönheit, Seltenheit und Beständigkeit wie die mineralischen Schmucksteine.

Im Laufe der Jahrhunderte ersannen die Philosophen und Alchemisten ebenso köstliche wie fantasievolle Geschichten über die Entstehung des Bernsteins. Demonstratus, ein römischer Senator und Historiker des 1. Jahrhunderts n. Chr., erwähnt den volkstümlichen Glauben, der Bernstein sei aus dem Urin des Luchses entstanden; die braungelben, dunklen Sherryfarben seien das Produkt des männlichen, die helleren Steine dagegen das des weiblichen Luchses.

Eine weitere alte Glaubensvorstellung besagt, dass die Strahlen der untergehenden Sonne im Meer erstarrten und in Form von Bernstein an Land geschleudert wurden.

Schon um 240 v. Chr. jedoch schrieb Sudines, ein Astrologe am Hof von Attalos I. von Pergamon, eine Abhandlung über die mystischen Eigenschaften der Steine. Danach stamme der Bernstein von einem Baum aus Ligurien, dem »Luchsbaum«.

Bernsteinarten

In der Gemmologie unterscheidet man folgende vier Gruppen:

1. Succinit (baltischer Bernstein),
2. Burmit (burmesischer Bernstein),
3. Simetit (sizilianischer Bernstein),
4. Rumanit (rumänischer Bernstein).

Die letzten drei gelten als die selteneren Formen.

Am häufigsten ist der baltische Bernstein anzufinden, mit reichem Vorkommen an der Ostseeküste. Starke Stürme und Wellen lösen den Bernstein vom Meeresgrund und werfen ihn, zusammen mit anderem Treibgut, an die Ufer. Die größten Erträge liefert jedoch der Tagebau, bei dem sich gewaltige Löffelbagger in die »blaue Erde« (einem bernstein- und glaukonithaltigen Sand) graben. Burmesischen Bernstein, der ausschließlich unter Tage abgebaut wird, findet man in einer Region nahe den Jadeitminen im Hukong-Tal. Die Farben dieser Bernsteinsplitter variieren meist zwischen Rot und Braun. Burmit hat ein leicht fluoreszierendes Aussehen.

Sizilianischer Bernstein stammt aus dem Mündungsbereich des Simeto und ist meist dunkelrot gefärbt. Noch dunkelroter ist der rumänische Bernstein. Häufig ist bei diesem Material eine Fluoreszenz zu beobachten.

Weitere Bernsteinvorkommen befinden sich entlang der samländischen Küste bei Kaliningrad (Königsberg), in der Dominikanischen Republik, Tschechien, Deutschland, Kanada und den USA.

Lebendiger Ursprung

Bernstein findet man in Sedimentgesteinen. Er stammt aus dem Lebenssaft inzwischen ausgestorbener Nadelbäume wie etwa *Pinus succinifera,* die vor 55 Millionen Jahren im Eozän und Oligozän, kurz vor der Eiszeit, wuchsen.

30 MILLIONEN JAHRE ALTER BALTISCHER BERNSTEIN. DIE FOSSILISIERTEN INSEKTEN SIND DEUTLICH ERKENNBAR.

FAKTEN UND FANTASIE

NERO VERGLICH DIE HAARFARBE SEINER GATTIN MIT DER DES BERNSTEINS. WIE PLINIUS BERICHTET, BEGANNEN NUN ALLE GEACHTETEN FRAUEN, »NACH DIESER FARBE ZU STREBEN«.

Medizinische Verwendungen

Jahrhundertelang wurde Bernstein in vielfältiger Weise als vorbeugendes oder heilendes Mittel eingesetzt. Hierzu bemerkt Plinius: »Wahrhaftig soll Bernstein der Mandelentzündung und anderen Infektionen des Rachens vorbeugen.«

In seiner *Materia medica* listet Dioskurides den Bernstein zusammen mit etwa 200 weiteren Steinen und Mineralien auf und empfiehlt ihn als nützliches eigenständiges Heilmittel oder als Arzneizutat.

Mit Wein eingenommen

Callistratus schrieb, dass »Menschen, die Anfällen unbändiger Ablenkung ausgesetzt sind«, meist mit in etwas Wein verrührtem Bernsteinpulver geheilt wurden. Die Römer zeigten ein immenses Vertrauen in die Heilkraft des als Halskette oder Anhänger getra-

FRÜHER GLAUBTE MAN, BERNSTEIN ENTSTÜNDE DURCH DIE STRAHLEN DER UNTERGEHENDEN SONNE

genen Bernsteins, vor allem bei der Behandlung von Fieber, Krupp, Asthma, Heuschnupfen und Halsentzündungen.

Schmerzhaft entzündete Ohren behandelte man mit feinem Bernsteinpulver, vermengt mit Honig und Rosenöl. Bei Sehschwäche empfahlen zahlreiche römische Ärzte die Einnahme einer Mixtur aus Bernsteinpulver und attischem Honig. Eine Heilkraft schrieb man jedoch allein dem rötlichen Bernstein zu.

Camillus Leonardus, der Leibarzt von Cesare Borgia, schreibt: »Succinum oder Bernstein, inwendig genommen, lockt den Harn, lindert die Monatsblutung und erleichtert die Geburt. Überdies befestigt er lockere Zähne.«

Glaubenstreue

Auch in den folgenden Jahrhunderten blieben die Ärzte dem Bernstein treu. In einem Buch über die Geschichte »edler Steyne« aus dem Jahr 1652 heißt es: »Der weiße, wohlriechende Bernsteyn ist der beste für die arzneyliche Verwendung und soll starke Krafft gegen viele Leyden haben, so bei Schwindel und asthmatischen Paroxysmen, Katarrhen und arthritischen Schmerzen, Leyden des Magens ... und des Herzens,

Legenden

BERNSTEIN

Seuchen, Gifften und Ansteckungen. Die florentinischen Doctores verordnen für die genennten Zwecke meyst einige Tropfen seines Öles in Wein. Verwendet wird es als Pulver oder in Öl.«

Ein anderer Autor schrieb über die Wirkung von »Ambra-Kugeln«: »Ambra-Kugeln ... sind fast immer aus Bernstein und sollen zur Abwehr jeglichen Unheils dienen. Man glaubt, ihre Berührung heile viele Leiden.«

Lotionen und Tränke

Die damaligen Apotheken verarbeiteten bernsteinhaltige Salze zu diversen Lotionen, Tränken und Honigsäften. Derartige Bernsteinzubereitungen sollten »heilen, trocknen, auflösen; Herz und Gehirn stärken; die animalischen und die Lebensgeister durch ihren süßen Schwefel beleben; und sie werden verwendet in brennbaren Mischungen gegen schlechte Luft und böse Gedanken«.

BERNSTEINANHÄNGER SOLLTEN ALLE MÖGLICHEN GEBRECHEN HEILEN.

Noch heute glaubt man an in vielen Regionen der Welt an die Heilkraft des Bernsteins, der etwa in Indien von Ärzten wie Apothekern eingesetzt wird. Bernsteinöl *(Oleum succini)* etwa ist ein unangenehm riechendes Destillat mit terpentinähnlichen Eigenschaften, das bei der Herstellung von Einreibemitteln häufig verwendet wird.

AMMONIT

»Hammonis Cornu (Ammonit) ... zählt zu den heiligsten Steinen Äthiopiens; ist von goldener Farbe und wie ein Widderhorn geformt.«

PLINIUS DER ÄLTERE: *NATURALIS HISTORIA*

Ammoniten sind weder Edel- noch Halbedelsteine. Sie besitzen jedoch eine interessante Geschichte und ein attraktives Aussehen und werden häufig auf Mineralienbörsen ausgestellt.

Ammoniten sind die fossilen Reste eines seit langem ausgestorbenen Kopffüßers mit einer flachen, spiraligen Schale. Derartige Fossilien findet man in großen Mengen auf dem Festland und in den Meeren. Die Schale ist häufig mit Mineralien wie Pyrit oder Opal ausgefüllt oder vollständig ersetzt. Die meisten Ammoniten haben einen Durchmesser von maximal 30 cm.

DER WIDDERSTEIN

Die Menschen der Antike erblickten in diesen Fossilien die gekrümmten Hörner des Widders und verwendeten sie als Symbol ihrer angestammten Gottheit. Dem liegt folgende Geschichte zugrunde: Ammon von Theben war eine der zahlreichen Gottheiten, die man in den Tempeln des ägyptischen Mittleren Reichs (um 2000–1900 v. Chr.) verehrte. Um dem Ammonskult zu einer größeren Akzeptanz zu verhelfen, erklärten die Priester, Ammon-Ra sei eine Verkörperung des Hauptgottes Ra.

Wichtigstes Ammonssymbol wurde der Widder mit seinen gekrümmten Hörnern. Alles, was eine ähnliche Form aufwies, galt als Sinnbild des Ammon-Ra, das auch als Talisman auftauchte.

In seiner *Naturalis historia* bezeichnet Plinius dieses Fossil als »Hammonis Cornu«; es »zählt zu den heiligsten Steinen Äthiopiens; ist von goldener Farbe und wie ein Widderhorn geformt. Der Stein soll niemals versagen, Träume wahr zu machen.«

Camillus Leonardus weiß Folgendes zu berichten: »Wenn ein Mann eine besinnliche Haltung einnimmt, gibt ›Hamonis‹ den Gedanken ein Abbild aller göttlichen Dinge.«

ST.-HILDAS-STEINE

Während des sogenannten »finsteren« Mittelalters herrschte in Europa der Glaube an Zauberei und Hexentum.

UNTEN UND RECHTS: AMMONITEN – MILLIONEN JAHRE ALTE FOSSILE KOPFFÜSSER.

Geschichte

AMMONIT

Mit Ausbreitung des Christentums wurden die heidnischen Talismane und Amulette von den Bischöfen zu einer christlichen Symbolik »umgemünzt«. Als einer dieser zahlreichen Talismane ist der Ammonit mit St. Hilda, der ersten Äbtissin von Whitby Abbey (anno 656) im Nordosten Englands, verknüpft.

Als Hilda nach Whitby kam, um der neu errichteten Abtei vorzustehen, hatte die örtliche Bevölkerung der Legende nach ein ganz besonderes Anliegen: Man bat sie, eine Fürbitte an den Allmächtigen zu richten, die Schlangen zu entfernen, die im Tal des Esk und den angrenzenden Mooren ihr Unwesen trieben.

Hilda willigte ein und erreichte durch Versenkung und Gebet, dass sich die Schlangen über den Klippen zusammenrollten und beim Herabstürzen sogleich versteinerten. In den folgenden Jahrhunderten waren die lokalen Ammoniten als »St.-Hildas-Steine« bekannt und sollen Wunderheilungen bewirkt haben.

Synthetische Schlangensteine

Noch heute kann man zahlreiche Ammoniten an den Stränden und unter den Felsen der nordostenglischen Küste finden.

Vor einigen Jahren entdeckten die in den Gagatminen von Whitby (siehe Seite 111) tätigen Arbeiter eine zusätzliche Geldquelle, indem sie Schlangenköpfe in die Ammoniten ritzten und diese als echte »Schlangensteine von St. Hilda« an leichtgläubige Touristen verkauften.

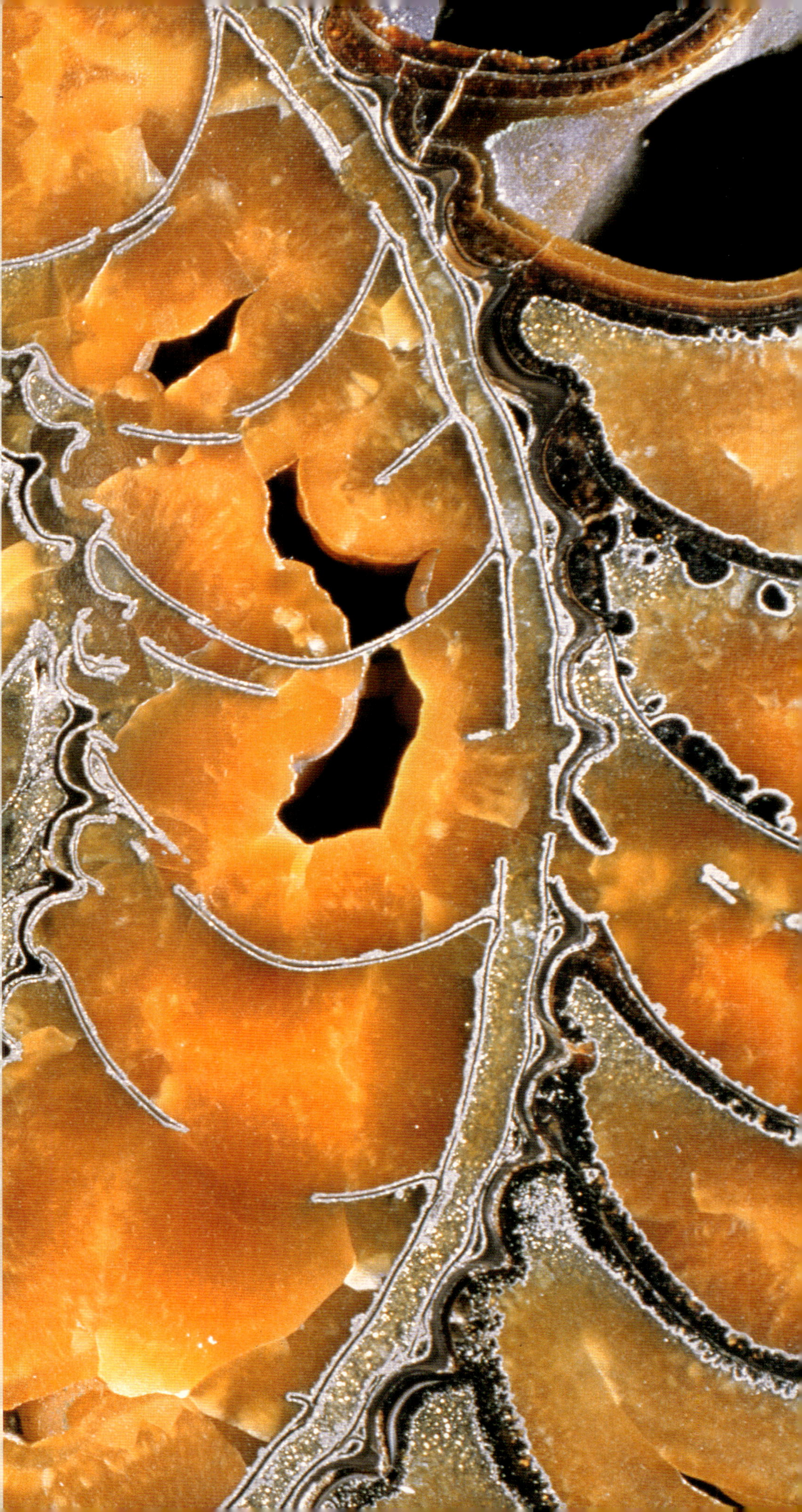

KORALLE

»Wie sehr doch das Kind an Macht gewinnt, wenn erst die Korall' in dem Händchen sich find'.«

CHARLES SPRAGUE (1791–1875)

Korallen bestehen, wie sich bei genauerer Prüfung ergibt, aus einem Aggregat von Korallenpolypskeletten. Diese Polypen sind winzige, in gewaltigen Kolonien siedelnde Lebewesen. Ihre weitgehend aus Calciumkarbonat bestehenden Skelettreste bilden den Ausgangspunkt für massive Korallenriffe.

Lebende Korallen sind von gallertartiger Beschaffenheit und gleichen winzigen Blüten. Im Mikroskop betrachtet ähneln sie Gänseblümchen auf einer Wiese.

Der genetische Code entscheidet über die Form und Farbe der entstehenden Korallenkolonien. Die gemmologisch wertvollste Varietät ist die Edelkoralle *(Corallium rubrum, Corallium nobile)*. Mäander-, Fächer- und vergleichbare Korallen werden dagegen eher für Raumdekorationen verwendet.

Korallenfischerei

Hochwertige Korallen stammen meist aus den warmen Regionen des westlichen Mittelmeers: bei Neapel, auf Korsika, in Katalonien und in der Provence. In kleinen Booten und mit Schleppnetzen fischt man auch in Griechenland und auf den griechischen Inseln, auf den Kanaren, in Tunesien, Marokko, Algerien, auf dem Malaiischen Archipel, in Japan, Nordaustralien und im Roten Meer nach Korallen.

Die Korallen werden mit Hilfe eines weitmaschigen Netzes geerntet, das ein scharfkantiges Eisengestell offen hält. Diese simple Vorrichtung wird über den Meeresboden gezogen, so dass das Gestell einzelne Korallenzweige abbricht und sie in das Netz schaufelt.

Schwarz und Blau

Eine schwarze Spielart der Koralle *(Antipathes spiralis)* findet man vor Hawaii. Eine dörfliche Industrie fertigt aus ihr diversen Zierrat und Schmuck, der in Läden und Hotels angeboten wird. Der Indische Ozean liefert ebenfalls große Mengen an schwarzen Korallen, die im Gegensatz zu den anderen Korallen nicht aus Calciumkarbonat bestehen, sondern aus Chitin, einem organischen Material, das unseren Haaren ähnlich ist.

Eine aus den küstennahen Gewässern der Philippinen und Kameruns stammende blaue Varietät *(Allopara subirolcea)* wird meist zu weiß gesprenkelten Perlen verarbeitet, die bläu-

KORALLENRIFFE SIND AUS ZAHLLOSEN WINZIGEN LEBEWESEN ZUSAMMENGESETZT.

lichen Bimssteinkugeln ähneln. Aus der weißen Sorte *(Oculinacea)* fertigt man Perlen, Zierrat und Schmuck. An den Küsten von Hawaii, Alaska, Japan und Australien findet man eine attraktive goldene Koralle *(Parazoanthus spiralis)*, die meist zu Halsketten verarbeitet wird.

Die fossile Koralle *Thamnopora cevicornis* ist in Kalkstein eingebettet. Diese Korallenreste stammen aus dem Devon und besitzen blumenartige Markierungen, die schöne Muster bilden. Einzelne Exemplare können eine ansehnliche Größe erreichen.

Behandelte und synthetische Korallen

Minderwertige Korallen mit zahlreichen Löchern und Höhlungen in den Zweigen, die sie porös machen, können mit farblosen Epoxidharzen gefüllt

FAKTEN UND FANTASIE

KORALLEN WERDEN IN FOLGENDE FARBGRUPPEN UNTERTEILT:

ARCISCURO	STARK DUNKELROT, OFT ALS »OCHSENBLUT« BEZEICHNET
ROSSO SCURO	DUNKELROT
ROSSO SECONDO	ROT
COLORO	LACHSFARBEN
ROSA VIVO	HELLROSA
ROSA PALLIDO	BLASSROSA
PELLE D'ANGELO	FLEISCHFARBEN, OFT ALS »ENGELSHAUT« BEZEICHNET. DIESER FARBTON ERZIELT IN DER REGEL DIE HÖCHSTEN MARKTPREISE.

und gefestigt werden, um sie mit Messer, Feile, Bohrer und Säge zu bearbeiten.

Von Pierre Gilson (Frankreich) stammt ein Korallenimitat aus Kalkspat, das scheinbar natürliche Wachstumslinien aufweist.

DIE SCHLANGENHAARIGE MEDUSA.

Das Haupt der Medusa

Das Wort »Koralle« ist von dem griechischen *korallion* abgeleitet. »Gorgeia« ist eine weitere alte Bezeichnung, die jahrhundertelang von den Korallenfischern und heute noch in Griechenland verwendet wird.

»Gorgeia« leitet sich aus einem griechischen Mythos ab, wonach Perseus die gefürchtete Gorgone Medusa tötete. Die Sage berichtet, wie es ihm gelang, die schlangenhaarige Medusa zu besiegen, ohne durch ihren Blick in einen Stein verwandelt zu werden. Das vom Körper abgetrennte Medusenhaupt wurde in einen Sack gesteckt. Bei der Rast in einem der zahlreichen Lager auf seiner Heimreise legte Perseus den Sack auf ein Bett aus Seetang und Reisig an den Gestaden des Meeres ab. Die durch die Webmaschen dringende Macht der Medusa verwandelte seine Ruhestätte in Stein.

Meeresnymphen erhoben sich aus den Wogen und zogen die versteinerte Lagerstätte unter Wasser, wo sie sich in eine Korallenbank verwandelte.

Hüter der Kinder

Eine Abhandlung Platons (427–347 v. Chr.) enthält folgenden Rat hinsichtlich der besonderen Kräfte der Koralle: »Die Koralle eignet sich, Kindern um den Hals gehängt zu werden und ihr Zahnfleisch damit einzureiben, um sie vor Fallsucht zu schützen. Auch hegt sie eine besondere Sympathie mit der Natur, denn um den Hals getragen wird sie blass, wenn ihr Träger krank ist, und gewinnt ihre frühere Farbe zurück, sobald und während er gesundet.«

Plinius schildert ausführlich, dass die Römer Korallenzweige an den Kinderwiegen anbrachten und ihren Kindern Korallenäste um den Hals hingen. Wie er berichtet, schrieben seine Landsleute der Koralle die Macht zu, junge Menschen vor Gebrechen zu schützen und ihre Gesundheit zu erhalten. Auch beim Zahnen wurden Korallen mit Erfolg eingesetzt.

Legenden

◆ KORALLE

Mächte des Bösen

Wichtiger war jedoch, dass die Koralle angeblich den schädlichen Einflüssen des »bösen Blicks« widerstand. Der von seinen Zeitgenossen als großer Wissenschaftler und Denker angesehene Paracelsus (1493–1541) verfasste Schriften zu den unterschiedlichsten Themen, so auch über die Korallen: »Sie fürchten sich vor roten Korallen wie Hunde vor der Peitsche – doch braune Korallen ziehen sie an. Rote Korallen sind den Ungeheuern, Inkubi, Sukkubi, Trugbildern und allen Bösen Geistern unangenehm, nicht aber braune Korallen, die ihnen wohl gefallen.«

Ab Neapel und weiter im Süden Italiens bezeichnet man die rote Koralle als »Hexenstein«. Jahrhundertelang glaubte man, eine Verhexung durch den bösen Blick durch weise Verwendung eines Amuletts aus roter Koralle mit der Form einer halb geschlossenen Hand mit abgespreiztem kleinem Finger und Zeigefinger neutralisieren zu können. Derartige Amulette werden weltweit nicht nur in Schmucklädchen, sondern auch in Juweliergeschäften angeboten.

Ebenfalls aus Italien stammt der Aberglaube, eine im Haus aufgehängte Koralle würde Neid, Zwietracht und üble Einflüsse abwehren, Alpträume verhindern, vor Blitzschlag schützen und wilde Tiere fern halten. Durch eine an den Mast genagelte Koralle sollten Schiffe vor Stürmen geschützt werden; die Griechen brachten rote Korallen am Schiffsbug an, die sie in einen sicheren Hafen geleiten sollten.

NAHAUFNAHME DER TROPISCHEN MÄANDERKORALLE *(MEANDRINA).*

Der Talisman der Fruchtbarkeit

In manchen Mittelmeerländern wird ein frisch geborgenes Stück Koralle in der Hoffnung auf reiche Ernte an Obst- und Olivenbäumen befestigt. Früher trugen Frauen einen solchen Talisman zum Schutz vor Unfruchtbarkeit.

Heilende Koralle

In seiner *Medicina practica* (1564) empfiehlt der Arzt Rulandus die Einnahme von Korallenpulver zusammen mit einer wohlschmeckenden Substanz gegen Herzprobleme, Blutungen und ansteckende Krankheiten.

Marbod, damals Bischof von Rennes, berichtet, dass um den Hals gehängte Korallen den Kolikschmerz lindern. Mancherorts in Asien verabreichte man Kindern gegen Juckreiz winzige Korallenstücke mit Wegerich. Bis ins 17. Jahrhundert verordnete man in Wachs gekochte Korallenzweige bei Harnwegsleiden, während die fingerlangen Korallenringe, die man den viktorianischen Säuglingen als »Beißringe« gab, angeblich auch böse Geister vertrieben.

FAKTEN UND FANTASIE

EINIGE ÖSTLICHE MYSTIKER WARNEN EINDRINGLICH DAVOR, MATTE, FARBLOSE UND VERSCHMUTZTE KORALLEN ZU TRAGEN ODER AUCH NUR AUFZUBEWAHREN, DA SIE ALLES ERDENKLICHE UNHEIL ANZIEHEN WÜRDEN.

PERLE

»Perlen bedeuten Tränen.«

LESSING: *EMILIA GALOTTI*

»Man soll nicht Perlen vor die Säue werfen.«

AUS DER *BIBEL* ABGELEITETES SPRICHWORT

Perlen stehen bei Frauen wie Männern seit Jahrtausenden in hohem Ansehen. Im Laufe der Zeit wurden sie zum festen Bestandteil von vielen Legenden, die den Kern ungezählter Mysterien bildeten.

Das Wort »Perle« stammt vermutlich vom lateinischen *pilula,* der Verkleinerungsform von *pila* (Kugel). Perlen und Calciumkarbonat werden heutzutage oft in der Medizin (als Füllmittel für Tabletten) und Kosmetik (für Gesichtspuder und -cremes) verwendet.

Von den drei wünschenswerten Eigenschaften der Schmucksteine – Härte, Schönheit und Seltenheit – fehlt es den Perlen an ersterer. Wegen seiner mit Härte gepaarten Vollkommenheit gilt der Diamant jedoch seit Jahrhunderten als König der Edelsteine; aufgrund ihrer Schönheit wird die Perle mit Recht als Königin angesehen.

DAS GOLDENE TUCH

In alten Manuskripten ist häufig von einem »goldenen Tuch« die Rede, das aber entgegen der landläufigen Annahme nicht aus 24-karätigen Goldfäden gewoben ist, sondern aus einer organischen Substanz, wie sie von manchen Schalenweichtieren (etwa Austern) gebildet wird – eben jener Stoff, der auch die Perlen hervorbringt.

Ein Perlen bildendes Weichtier ist im Grunde eine weiche, kopflose Masse, die ihre Nahrung über die Kiemen aufnimmt und die durch eine Schale geschützt ist. Der Rest des Weichtiers ist der sogenannte »Fuß«. Das Tier heftet sich mit Hilfe eines Bündels kupfergoldener Fäden, dem »Byssus«, an den steinernen Meeresgrund. Früher verwob man diese metallisch aussehenden Fäden zu einem »goldenen Tuch«.

DER MANTEL

Das wichtigste Organ bildet der Mantel – eine Doppelklappe, die das Weichtier vollkommen umschließt. Die Zellen an der Manteloberfläche besitzen eine verblüffende Fähigkeit. Sie sind nämlich in der Lage, Perlen und Perlmutt herzustellen, indem sie die einzelnen Bestandteile der Schale in einer bestimmten Reihenfolge ausscheiden. Die äußeren Zellen scheiden eine

FAKTEN UND FANTASIE

PERLEN SIND IN KONZENTRISCHEN SCHICHTEN AUFGEBAUT (WIE EINE ZWIEBEL). SIE BESTEHEN AUS CALCIUMKARBONAT IN FORM DES MINERALS ARAGONIT (86 PROZENT), ZEMENTIERT DURCH EINE ANDERE FORM VON CALCIUMKARBONAT, DAS CONCHIOLIN (ZWÖLF PROZENT), UND ETWA ZWEI PROZENT WASSER.

DIE PERLEN SELBST WERDEN NICHT AUS DEN KALZITFLOCKEN GEBILDET, SONDERN ENTSTEHEN IN EINEM ANNÄHERND KUGELFÖRMIGEN GERÜST AUS CONCHIOLIN, DAS MIT DER HEXAGONALEN ZELLBILDUNG DER BIENENWABE VERGLEICHBAR IST.

AUFGRUND DER ZUGLEICH KONZENTRISCHEN UND RADIALEN STRUKTUR DER NATURPERLEN WURDEN ENTSPRECHENDE TESTS PER ENDOSKOP UND RÖNTGENSPEKTRALANALYSE ENTWICKELT.

bräunliche, schalenbildende Substanz (Conchiolin) aus. Zellen, die Calciumkarbonat in Form von Aragonit ausscheiden, liegen näher zur Mitte, während die innersten Mantelzellen Calciumkarbonat in Form von Kalzitflocken bilden. Diese Flocken werden so angelegt, dass sie einander wie Dachziegel überlappen. Diese Schicht bildet das ebene, prachtvolle Perlmuttbett, auf dem das Weichtier ruht.

Reizabwehr

Wenn ein »Fremdkörper« – etwa ein Sandkorn oder ein Bohrwurm – in das Innere der Schale gelangt, versucht das Tier, den entsprechenden Reiz durch Bildung einer Schicht aus Perlmutt (Calciumkarbonat) und durch Zementierung des Fremdkörpers an die Schale zu reduzieren. Diese Einbuchtung der Schale lässt sich entfernen und als Schmuck verwenden.

Eine kugelförmige Perle entsteht, wenn ein Fremdkörper so in den Mantel eindringt, dass er schließlich von einem Perlsack umhüllt und von Perlmutt eingeschlossen wird. Die Größe der Perle hängt dabei von der Menge des abgelegten Perlmutts ab. Schließlich wird die Perle selbst zum Fremdkörper und ebenfalls mit Perlmutt umhüllt.

Perlenpflege

Da Perlen zu etwa zwei Prozent aus Wasser bestehen, können sie austrocknen und Haarrisse erhalten, wenn man sie in der Nähe eines Heizkörpers aufbewahrt. Häufiges Tragen und stetes Sauberhalten wirken dem entgegen.

FAKTEN UND FANTASIE

GROSSE, WUNDERSCHÖNE ROSAFARBENE PERLEN MIT ATTRAKTIVEN FLAMMENMUSTERN SIND DAS PRODUKT EINER MUSCHEL, DIE IN DEN WARMEN GEWÄSSERN DES GOLFS VON KALIFORNIEN HEIMISCH IST.

Aufgefädelte Perlen kann man durch vorsichtiges Schwenken in Kartoffelmehl reinigen, um Schweißflecke und andere Oberflächenfehler zu beseitigen.

AUS SÜSSWASSERMUSCHELN GEWONNENE ZUCHTPERLEN.

Zuchtperlen

Naturperlen sind vergleichsweise selten und teuer. Daher ersann man Mittel, die Natur zu einer entsprechenden Massenproduktion zu veranlassen.

Chinesische Zuchtperlen

Die Kunst der Perlenzucht wurde wahrscheinlich zuerst von den Chinesen im 13. Jahrhundert ausgeübt. Man gewann grobe Perlen, indem man einen Fremdkörper wie etwa ein großes Sandkorn zwischen Mantel und Schale einführte, den das Tier allmählich mit Perlmutt überzog.

Eine besondere Spezialität der frühen Perlenzüchter war es, kleine Budhabildnisse aus Wachs als Fremdkörper zu verwenden. Wenn sich eine ausreichend dicke Perlmuttschicht gebildet hatte, entfernte man die Bildnisse und verkaufte die attraktiven Perlfiguren für wohltätige Zwecke in den Tempeln.

Schritt für Schritt

Das Verfahren der Perlenzucht, für die man spezielle Perlmuscheln verwendet, ist sehr einfach. Zusammen mit einem kleinen Mantelstück von einer Spendermuschel wird ein runder Kern aus Perlmutt in den Mantel der Zuchtmuschel eingesetzt. Mehrere hundert der so präparierten Muscheln gibt man in einen Drahtkäfig und hängt Dutzende dieser Käfige unter einer Art Floß im Wasser auf. Nach drei bis vier Jahren erntet man die Muscheln; dann nämlich haben die Epithelzellen des eingefügten Mantels ihre Aufgabe abgeschlossen, die Beschichtung des Kerns mit Perlmutt anzuregen. Die Dicke der Schicht hängt von der Verweildauer des Kerns ab. Eine Perlmuschel benötigt ungefähr zwei bis drei Jahre, um eine 0,5 mm dicke Perlmuttschicht auf einem 5 mm großen Kern abzulagern.

Von den Hunderttausenden präparierten und in den Käfigen hängenden Muscheln stirbt etwa die Hälfte – entweder durch natürliche Ursachen, Seesterne oder an Erstickung durch eine bestimmte Art des roten Planktons. Wenn sich dieses Plankton ausbreitet, färbt es das Wasser scheinbar rot – ein Phänomen, das man als »Rote Flut« bezeichnet.

Die verbleibenden Muscheln ergeben etwa zehn Prozent minderwertige Perlen, 20 Prozent verkäufliche, 15 Prozent hochwertige und fünf Prozent exzellente Perlen. Die minderwertigen Perlen werden andernorts zermahlen und zu feinem Calciumkarbonatpulver für kosmetische Zwecke verarbeitet.

Farben nach Wahl

Für Zuchtperlen verwendet man meist die kleine *Pinctada.* Drei Varietäten werden nach der Farbe des Mantelrands benannt: Silver Lip, Gold Lip und Black Lip. Die erste erzeugt weißen Perlmutt, die zweite rosafarbene bis gelbliche und die dritte meist schwärzliche Perlen.

In den Dörfern und Städten entlang der Küste des Golfs von Mexiko und auf einigen Südseeinseln entstand eine entsprechende Schwarzperlenindustrie; man nimmt an, dass die dortigen Gewässer bestimmte wichtige Nährstoffe enthalten.

ZUCHTPERLEN BESITZEN DEN GLEICHEN GLANZ WIE NATURPERLEN.

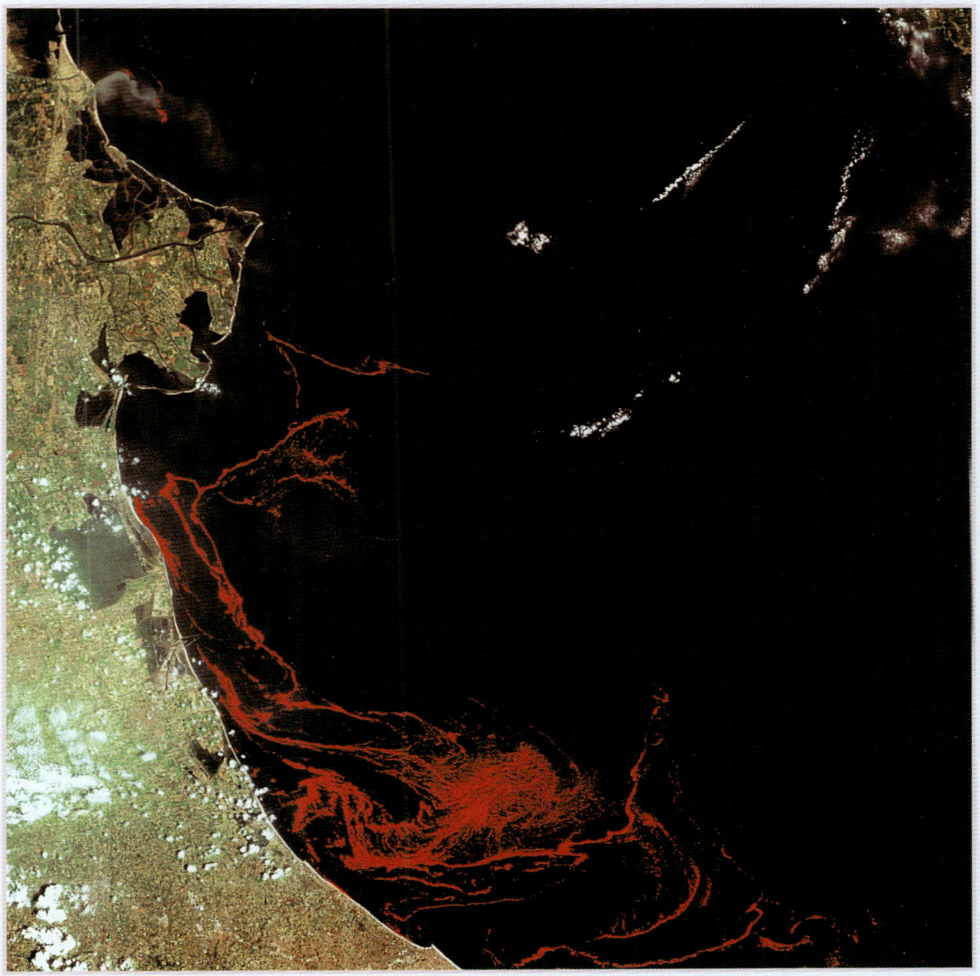

ALGEN BRINGEN DEN PERLENWUCHS ZUM ERLIEGEN.

Das Leben der Perlmuscheln wird bisweilen gestört. Nun lagert sich eine Schicht aus Conchiolin über dem Perlmutt der bisherigen Perle ab. Nach Abklingen der Störung setzt sich die Perlmuttbildung fort, doch die durchscheinende Conchiolinschicht färbt die Perle braun, schwarz, blau oder grau.

Der Mensch zögerte nicht lange, mit der Schaffung unterschiedlicher Perlenfarben zu experimentieren. Tiefschwarze Zuchtperlen wurden mit Silbernitrat behandelt, das – durch ein Rotfilter betrachtet – die sonst bei blauem Licht entstehende Fluoreszenz hemmt. Natürlich schwarze Perlen zeigen jedoch diese Fluoreszenz, da sie mattrot glühen.

Künstliche Perlen

Kein synthetisches Material hat auch nur annähernd den Lüster des Perlmutts erreicht, bis man Farben entwickelte, die Fischschuppen enthielten. Diese Farben werden innen auf hohlen Glaskugeln aufgetragen, die man anschließend mit Wachs füllt. Oder man bemalt dicke, hohle Glaskugeln, stellt sie in einen Trockenofen und poliert sie.

PERLEN BRACHTE MAN MIT DIANA IN VERBINDUNG, DER GÖTTIN DER JAGD UND DER JUNGFRAUEN.

Als Symbol von Reinheit, Unschuld und Frieden galt die Perle einst als dem Mond und der Göttin Diana geweiht. Daher trugen Jungfrauen dieses Emblem der Diana, um ihren Schutz zu erbitten.

TAUTROPFEN

Zur Beliebtheit der Perlen haben zweifellos auch jene Legenden beigetragen, die ihre Ursprünge umranken. Einst gab es den von Plinius in seiner *Naturalis historia* beurkundeten Glauben, Perlen seien aus Tautropfen entstanden, die zur Zeit der Fortpflanzung in offene Muschelschalen fielen. Plinius schreibt: »Die Qualität schwankt mit der Menge des erhaltenen Taus und ist glänzend, wenn der Tau rein ist, und trüb, wenn dieser unrein ist. Wolken verdarben die Farbe, Blitze hemmten den Wuchs, doch Donner ließ die Muscheln nur leere Hülsen auswerfen, die Physemata (Blasen). Regenbögen werden stets zum besten Nutzen verwendet.« Die arabischen Schriftsteller der Antike haben wesentlich zu diesem Mythos beigetragen, indem sie schrieben, dass am 16. des Nisan (April) Perlmuscheln »vom Meeresgrund aufsteigen und ihre Schalen öffnen, um den zu dieser Zeit fallenden Regen aufzunehmen; aus den Tropfen werden dann Perlen.«

FINGERKORKEN

Im Dunkel der Zeiten liegen die Ursprünge eines makabren Rituals der Perlenfischer von Borneo. Jede neunte Perle, die sie bei einem Tauchgang bargen, legten sie für die Zeremonie der »Perlenpaarung« ehrfurchtsvoll zur Seite, die sie in der Hoffnung auf eine gute Perlenernte vollzogen.

Nach der Rückkehr der Flotte füllten sie ihre aufgehobenen Fundstücke zusammen mit zwei Reiskörnern pro Perle in eine Flasche, die sie mit dem Finger eines Toten verkorkten und feierlich in den Zweigen eines Baums aufhingen. Grabräuber lieferten die erforderlichen Finger. In jüngerer Vergangenheit wurde diese Praxis jedoch verboten.

DRACHEN, ELEFANTEN UND LIEBESTRÄNKE

Manche chinesischen Mystiker glauben, der Drachen sei ein Regenmacher

und sein Speichel bestehe zum Teil aus Perlen. Demnach würden Regentropfen und Perlen zur Erde herabfallen, wenn die Drachen im Himmel miteinander kämpfen. Aus diesem Grund halten viele Chinesen die Perle auch für einen geeigneten Talisman gegen Feuersbrünste.

In einigen Erzählungen der Hindu findet sich die Schilderung, wonach man Perlen bisweilen in Magen, Stirnhöhle oder Gehirn eines Elefanten findet, die als Talismane gegen alle erdenklichen Gefahren sehr begehrt sind. In der Astrologie der Hindu werden Perlen mit dem Mond in Zusammenhang gebracht und gelten als Sinnbild

Legenden

PERLE

der Liebenden. Eine wichtige Zutat ihrer traditionellen Liebestränke besteht daher aus fein zermahlenen Perlen.

Ein ähnlicher Glaube gehörte im 17. Jahrhundert in weiten Teilen Europas gleichsam zum Alltag. Doch wer damals Perlenpulver erstand, wurde meist betrogen, denn echte Perlen waren für den damaligen Normalverbraucher unerschwinglich.

FAKTEN UND FANTASIE

FEIN ZERMAHLENES PERLENPULVER VON MEHLARTIGER BESCHAFFENHEIT WURDE ALS NACHFOLGER GEFÄHRLICHER KOSMETIKPUDER (MANCHE ENTHIELTEN ARSEN) ERSTMALS VON DER FRANZÖSISCHEN DAMENWELT VERWENDET. ES SOLL »DIE ZARTHEIT UND DAS SCHIMMERN DER HAUT« STARK VERBESSERT HABEN.

Ein wahres Allheilmittel

Für Perlen fand man sehr viele Verwendungszwecke. Im 13. Jahrhundert behandelten die Ärzte Herzleiden mit einer Arznei aus Perlenpulver, die man im 16. Jahrhundert als wirkungsvolles Gegengift ansah. Im Rahmen eines erfolglosen Versuchs, seine geistige Gesundheit wiederherzustellen, ging man so weit, Karl VI. von Frankreich in destilliertem Wasser gelöstes Perlenpulver zu verabreichen.

Die Doktoren Johannes Schroeder und William Rowland behaupteten eine derartige Wirksamkeit der Perlenmedizin, dass »Männer in der größten Agonie hierdurch erfrischet«. S. M. Tagore glaubte, dass sie »das Erbrechen von Blut heilt; Hämorrhoiden, Darmeinschnürungen und starke Regelblutung lindert; Gelbsucht und alle Herzkrankheiten beseitigt und böse Geister vertreibt«. Mit anderen Arzneien auf dem Körper verteilt, soll sie auch Lepra heilen, doch – so seine Warnung – die Perlen müssen zusammen mit Korallen verbrannt werden, damit das Gehirn des Patienten keinen Schaden nimmt.

Auch die moderne Medizin hat Verwendung für Natur- und Zuchtperlen. Die zu einem sehr feinen Pulver zermahlenen minderwertigen Perlen liefern der pharmazeutischen Industrie nämlich eine wertvolle Calciumquelle. Auch viele Gesichtspuder und -cremes enthalten derartige Zusätze.

WENN DRACHEN AM FIRMAMENT KÄMPFEN, REGNEN PERLEN AUF DIE ERDE HERAB – SO EINE CHINESISCHE LEGENDE.

GAGAT

»Dein Glanz wird Verehrer anziehen wie die Pechkohle (Gagat) den Halm.«

BEN JOHNSON (1572–1637)

Der Gagat entstand aus verfaultem Holz, das im Laufe der Jahrmillionen zu bitumenreicher Braunkohle komprimiert wurde. Aus diesem eher schlichten Stoff fertigte man die unterschiedlichsten prächtigen Objekte.

Seit langer Zeit gerühmt

Mit der Zeit erwarb der Gagat den internationalen Ruf, für eine Hochglanzpolitur besonders geeignet zu sein und sie lange bewahren zu können. Zudem ließ sich der Stein leicht bearbeiten, so dass geschickte Hände aus ihm jeden erdenklichen – großen wie kleinen – Körperschmuck zu fertigen wussten.

Gagat besitzt einen wachsartigen Glanz und enthält bisweilen kleine Pyrit-Einschlüsse. Er lässt sich durch rasches Reiben mit einem Tuch elektrostatisch aufladen.

Magische Eigenschaften

Große Gagatvorkommen sind seit der Bronzezeit in der Umgebung von Whitby im Nordosten Englands bekannt. Die Römer, die während ihrer englischen Herrschaft einen intensiven Gagatabbau betrieben, schrieben dem Stein magische Eigenschaften zu.

Da später auch die Wikinger die englischen Gagatvorkommen ausbeuteten, überrascht es nicht, dass man in Island zahlreiche Artefakte aus Whitby-Gagat ausgrub.

Das Wissen um die magischen Qualitäten des Gagats wurde auch innerhalb der Magiergenerationen weitergegeben. Der ehrwürdige Bede (8. Jahrhundert) schriebt: »Beym Verbrennen sein Dufft die Schlangen verjaget ... Bey ihren Beschwörungen verwenden die Magier diesen Steyn viel mit rot glühenden Äxten, denn sie meynen, der darauf geworffene Gagat werde verbrennen und sich verzehren und Wünsche sich erfüllen.«

Bei Plinius ist zu lesen, dass Gagat durch Wasser entzündet wird. Was er eigentlich meinte, jedoch nicht begriff, ist, dass die spontane Verbrennung der meisten Koh-

Geschichte

◆ GAGAT

lesubstanzen durch Feuchtigkeit gefördert wird. »Das Entflammen von Gagat«, so Plinius, »vertreibt Schlangen und verhindert die Erstickung des Uterus.« Ein aus in Wein gekochtem Gagat bestehendes Elixir soll nach Plinius gegen Zahnschmerzen wirken und als Salbe skrofulöse Tumore heilen.

Kleinindustrie

Der Nordosten Englands ist für seine Gagatvorkommen berühmt, seit St. Hilda im 7. Jahrhundert zur ersten Äbtissin von Whitby Abbey wurde (siehe Seite 98–99). Die in der Nähe der Abtei entdeckten Gagatvorkommen lieferten das Material für eine lukrative, von den Nonnen betriebene Kleinindustrie. In den Klosterwerkstätten entstanden Kruzifixe und Rosenkränze für den eigenen Gebrauch; Produktionsüberschüsse verkaufte man an die zahlreichen Pilger und Besucher.

Ein gewisser Cardano erwähnt merkwürdig geformte Gagat-Figürchen, die von Spanien nach Italien ausgeführt wurden. Mit Wasser oder Wein verrührtem Gagatpulver schrieb man eine Heilkraft zu.

Trauerschmuck

Zum Gedenken der Toten trägt man seit jeher Schmuck, doch Trauerschmuck aus Gagat wurde erst modern, als sich Königin Viktoria 1861 zurückzog, um ihren verstorbenen Gemahl, Prinz Albert, zu betrauern. Bald darauf besaß jede englische Familie ein Artefakt aus Gagat. Als führender Lieferant von hochwertigem Gagat wurde Whitby zum Zentrum für handgearbeiteten Gagatschmuck. Die ungemein versierten Handwerker fertigten einfache und polierte Perlen (letztere für Rosenkränze), Armreife und Ohrringe, Haarspangen, Kameeringe und – dank des geringen Gewichts – große, verschnörkelte Broschen.

Auch Kännelkohle wurde in großen Mengen zu Trauerschmuck verarbeitet, wenngleich sie den Schwärzungsgrad des Gagats niemals erreicht. Kännelkohle lässt sich leicht von Gagat unterscheiden, da sie im Vergleich zu ihm einen Braunton sichtbar werden lässt.

Legenden

GAGAT

ST. HILDA (614–680), DIE ERSTE ÄBTISSIN VON WHITBY, BEI EINER AUDIENZ.

FAKTEN UND FANTASIE

EIN VERBREITETER GAGATERSATZ IST EIN WEITERER FOSSILER BRENNSTOFF, DIE KÄNNELKOHLE. IM AUFBAU DEM GAGAT ÄHNELND, ERREICHT SIE JEDOCH NICHT DESSEN QUALITÄT. DER NAME »KÄNNEL« IST VOM ENGLISCHEN *CANDLE* (KERZE) ABGELEITET, DA DIE AUS DIESER KOHLE GEWONNENEN WACHSE EINST AN DIE HERSTELLER VON WACHSKERZEN GELIEFERT WURDEN.

3 *Mythische* STEINE

Der Glaube an die Macht der Steine ist derart ausgeprägt, dass neben den bekannteren organischen und anorganischen Vertretern noch weitere Steine Eingang in den Volksglauben fanden. Einige von ihnen besitzen einen rein mythenhaften Ursprung, während andere – real vorhanden – von einer magischen Aura umhüllt sind.

ABRAXASSTEIN

»Viele Menschen, die sich vor der Pest ängstigen, versuchen sie durch bestimmte Wörter und Figuren abzuwehren, vor allem durch das Wort ›Abracadabra‹, zu einem Dreieck geformt.«

Daniel Defoe (1660–1731)

Die an einem wichtigen Kreuzungspunkt internationaler Handelswege gelegene nordafrikanische Stadt Alexandria begann als Zeltsiedlung und wuchs zu einem der größten Handels- und Kulturzentren des Nahen Osten heran.

In diese lebendige Stadt gelangten Waren aus so fernen Ländern wie Persien, Indien, Kleinasien und zahlreichen von den Römern besetzten Regionen. Einzug fanden hier vor allem auch besondere Glaubensvorstellungen, Bräuche und Religionen.

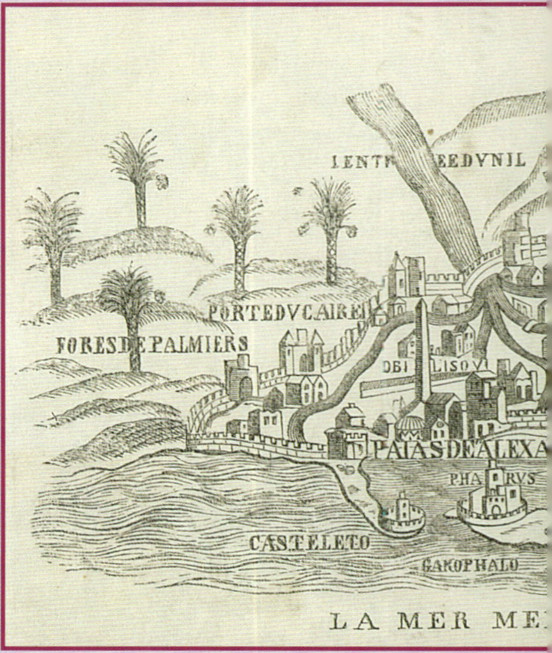

FAKTEN UND FANTASIE

VIELE TALISMANSTEINE BESITZEN BESTIMMTE NUMEROLOGISCHE EINTRAGUNGEN. NUMEROLOGIE LÄSST SICH BESCHREIBEN ALS EIN GLAUBE AN DIE MACHT VON MAGISCHEN WÖRTERN ODER WORTKOMBINATIONEN. SIE WURDE GLEICHERMASSEN VON DEN GNOSTISCHEN PRIESTERN WIE DEN FRÜHCHRISTEN MIT GESCHICK ANGEWANDT. DAS SYSTEM FUNKTIONIERTE WIE FOLGT: JEDEM BUCHSTABEN DES GRIECHISCHEN ALPHABETS WAR EINE ZAHL ZUGEORDNET. DIE EINZELNEN ZAHLEN HATTEN KEINE BEDEUTUNG, WOHL ABER DEUTETE DIE SUMME ALLER ZAHLEN, DIE EINER BESTIMMTEN BUCHSTABENFOLGE (ETWA EINEI NAMEN) ZUGEORDNET WAREN, AUF DEREN VERBORGENE MACHT. BISWEILEN KOMBINIERTE MAN DIE GRIECHISCHEN BUCHSTABEN MIT ASTROLOGISCHEN FORMELN, DIE MAN EINEM CHALZEDON EINGRAVIERTE, UM POSITIVE EINFLÜSSE HERAUFZUBESCHWÖREN.

ALEXANDRIA, OFT ALS DIE ERSTE GROSSSTADT DER WELT BEZEICHNET.

Die Gnostiker

Die geschäftigen Straßen Alexandrias bevölkerte auch eine Sekte, deren Anhänger sich als Gnostiker (die Wissenden) bezeichneten. Sie beanspruchten, im Besitz eines Wissens zu sein, das den Gemeinsterblichen versagt blieb und sich offenbar auf eine besondere Vorstellung vom Widerstreit von Gut und Böse bezog. Außerdem nahmen sie zahlreiche Glaubenssätze, Riten und Talismane der älteren Religionen in sich auf. Durch das rasante Erstarken der Gnostiker alarmiert, betrachtete sie die herrschende koptische Kirche schließlich als zu exkommunizierende Ketzer.

Vielen Gnostikern galt ihr Gott Abraxas als das einzige höhere Wesen. Dargestellt wurde er mit dem Rumpf und den Armen eines Menschen und dem Kopf eines Hahns, der die Tugend der Vorausschau symbolisiert. Seine aus Schlangen bestehenden Beine repräsentieren das Denken und das »Wort«. Auf einem Arm ruht der Schild der Weisheit, die andere Hand hält die Peitsche der Macht.

Abraxasfiguren erschienen auf Amuletten und Talismanen, die meist aus Chalzedon gefertigt waren, etwa aus Karneol, Achat, Heliotrop, Jaspis und Onyx. Zu den zahlreichen Pflichten der gnostischen Priester zählte auch die Erstellung von Entwürfen, um aus geeigneten Steinen kostbare Talismane zu fertigen.

Abracadabra

In einige dieser Steintalismane waren Wörter graviert, denen man magische Eigenschaften nachsagte. Einer dieser Wortzauber ist aus dem sumerisch-babylonischen Kulturkreis entlehnt und hat die Form eines auf der Spitze stehenden Dreiecks. Vor allem in Mitteleuropa ist er noch heute gebräuchlich. Seine Ursprünge liegen in der chaldäischen Wendung *abrada ke dabra* (»vergehen wie das Wort«), die zu *abracadabra* verfälscht wurde. Für den Talisman musste das Wort unter Weglassung des ersten Buchstabens in jeder neuen Zeile so lange wiederholt werden, bis nur noch ein »A« übrig blieb.

ABRACADABRA
BRACADABRA
RACADABRA
ACADABRA
CADABRA
ADABRA
DABRA
ABRA
BRA
RA
A

Dieser Wortzauber wurde in England 1665 während der Großen Pest häufig von arabischen Ärzten bei der Behandlung der Pestopfer verwendet.

Niedergang

Der Niedergang des Gnostizismus setzt im zweiten nachchristlichen Jahrhundert ein, als das Römische Reich mit der Ausmerzung konkurrierender Religionen begann. Die Verwendung von Amuletten und Talismanen wurde jedoch von der neuen Religion nicht verboten, so dass die geächteten gnostischen Priester diese weiterhin austeilten. In den folgenden Jahrhunderten fand man prachtvoll gravierte Abraxassteine in den einst von den Römern besetzten Ländern des Nahen Ostens.

VON DEN ABRAXASSTEINEN ERHOFFTE MAN SICH DIE VERTREIBUNG VON TEUFELN UND DÄMONEN.

BEZOARSTEIN

»Alles, was den Körper von einem Leiden befreit, nennt man den Bezoar für dieses Leiden.«

CAMILLUS LEONARDUS (16. JAHRHUNDERT)

Bezoar ist bei einigen Völkern die Bezeichnung für Steine, die aus den Mägen bestimmter Tiere geborgen werden – vor allem von Hirschen und Ziegen, die in einer vom Mittleren Osten bis nach China reichenden Region heimisch sind.

Bezoare bestehen meist vornehmlich aus Calciumphosphat, bisweilen jedoch hauptsächlich aus Ammoniumphosphat oder Magnesia. Sie sollen die unterschiedlichsten Heilkräfte besitzen, vor allem aber Gifte abbauen und Vergiftungen beheben können, wie man noch heute in der Umgebung des Iran glaubt.

URSPRÜNGE

Im Mittleren Osten bezeichnet man diesen ebenso begehrten wie bemerkenswerten Stein als *pad-zahr* (»Gift austreibend«). Da die Europäer jedoch Probleme mit der korrekten Aussprache hatten, entstand daraus das Wort »Bezoar«.

Die ersten Völker, die den Stein kannten und seine Wirkung beschrieben, waren die Perser und die Araber. In einer medizinischen Abhandlung aus Persien, die im 12. Jahrhundert von Mohammed ben Mansur zusammengestellt wurde, heißt es, dass der Stein in Form eines kleinen Schahbildnisses als Talisman sehr geschätzt war.

Zahlreiche Messergriffe enthielten erlesene Bezoarschnitzereien und der Hautkontakt sollte vor möglichen Vergiftungen schützen. Speisen und Getränken setzte man Bezoarschabsel zu.

DIESE ILLUSTRATION ZEIGT DIE GEWINNUNG EINES BEZOARS AUS DEM KOPF EINER KRÖTE UND STAMMT AUS EINEM DER ÄLTESTEN MEDIZINISCHEN TEXTE (*HORTUS SANITATIS*, AUSGABE 1483).

DIE GROSSE PEST

Der Bezoar wurde in Europa erst bekannt, nachdem ihn arabische Ärzte zur Bekämpfung der Pest empfohlen hatten. In Teilen Indiens und Chinas (wo der Stein den Namen *Mo-So* trägt) glaubt man, der Bezoar könne Jugend und Schönheit wiederherstellen.

DIE KUNDE VON DEN MAGISCHEN EIGENSCHAFTEN DES BEZOARS STAMMT AUS DEM ALTEN PERSIEN.

FAKTEN UND FANTASIE

AUCH KÖNIGTUM UND ADEL GLAUBTEN AN DIE WIRKUNG DES BEZOARS. SO HEISST ES IN EINER AUFSTELLUNG DER JUWELEN KAISER KARLS V.: »SCHACHTEL AUS SCHWARZEM LEDER, AUSGEKLEIDET MIT KARMINFARBENEM SAMT, MIT VIER BEZOARSTEYNEN, VERSCHIEDENTLICH GÜLDEN EINGEFASSET.« DER KAISER GAB ANWEISUNG, EINEN DER STEINE WILLIAM VAN MALE ZU GEBEN, SEINEM »KAMMERDIENER, WEIL SO VERMUTET AN DER PEST ERKRANKT«.

Die zahlreichen Tugenden, die die Perser dem Bezoar zuschreiben, stehen bei den Völkern Malaysias ebenso hoch im Kurs. Die dort heimischen roten Affen der Gattung *Semnopithecus* entwickeln einen als *guliga* bezeichneten Bezoar. Seltener und begehrter ist der *guliga landak* von einem in den Wäldern lebenden Stachelschwein. Einen Großteil dieser Bezoare exportiert man nach Afghanistan, wo sie als Asthmamittel eingesetzt werden.

Östliche Ärzte verschrieben den Bezoar gegen Nieren- und Blasenleiden. Die Behandlung bestand damals vor allem darin, den Stein in größtmöglicher Nähe zum betroffenen Organ festzubinden.

Im heutigen Iran stammen die medizinisch verwendeten Bezoare aus dem Magen der Bezoarziege *(Capra aegagrus)*. Die Nachfrage kennt dort offenbar keine Grenzen und die größeren Steine sind in der Regel ebenso teuer wie Gold.

In seiner *Histoire Naturelle et Morale des Indes* (1600) berichtet Joseph de Acosta, dass die Peruaner eine eigene Theorie über die Herkunft des Bezoars hatten:

»Die Indios verweisen auf die Lehren ihrer Ahnen, wonach es in der Provinz Xaura und in anderen Provinzen Perus verschiedne gifftige Kreuter und Thiere gibt, welche die Wasserstellen der Vikunjas vergiften. Eines dieser Gifftkreuter erkennt das Vikunja und die anderen Tiere, die den Bezoar hervorbringen, durch den natürlichen Instinkt.

Sie fressen dieses Kraut und schützen sich so erfolgreich vor dem Gifft der Wasser und Weyden. Auch heißt es, dass sich der Steyn in den Mägen der Thiere aus diesem Kraut bildet, weshalb er ein Mittel gegen Giffte ist und seine anderen wunderlichen Eigenschaften besitzt.«

Ein früher Reisender mit Namen Garnet berichtet über den Ursprung eines besonderen Bezoars, wie er ihm von den Arabern geschildert wurde: »Wenn der Hirsch krank ist und viele Schlangen zur Genesung verspeist hat, wird ihm so heiß, dass er zum Wasser eilt und untertaucht bis zu den Ohren und Augen, die viele Tränen weinen, aus denen sich der Stein bildet.«

SCHLANGENSTEIN

»Ein Schlangenbeschwörer besitzt auch einen Steyn, berühmt für Glanz und Schönheit, mehr noch aber wegen der ungewöhnlichen Art, in der er gefunden.«

TIMBERLAKE (17. JAHRHUNDERT)

Das aus dem 4. Jahrhundert stammende griechische Poem *Lithica* ist eine der wenigen Schriften, die eine zumindest grobe Beschreibung des Schlangensteins enthalten. Demnach handelt es sich um schwarze, runde, raue, harte und schwere Kugeln, die mit Wellenlinien gefurcht sind. Angeblich stammen sie aus den Köpfen von Schlangen. Die Magier benutzten diese schweren Steine als Talisman in ihrem Feldzug gegen das Böse.

INDISCHE SCHLANGENBESCHWÖRER

Indische Schlangenbeschwörer (Sampuri) rühmen sich ihrer Fähigkeit, diese Steine aus den Köpfen von Schlangen bergen zu können.

Timberlakes *Discourse of the Travels of Two English Pilgrims* (1611) enthält die Beschreibung eines sagenumwobenen Juwels, das angeblich aus dem Kopf einer Riesenschlange stammt und zum Schlangenbeschwören verwendet wird:

»Es wuchs, so wir den Indern glauben können, im Kopfe einer gewaltigen Schlange, deren Versteck man durch ihren Glanz entdeckte. Doch weil ihr zahlreiche andre Schlangen beywohnten, da sie, wie ich anhand ihres Diadems vermute, einen hohen Rang einnahm, war es gefährlich, sie anzugreifen ... Viele Versuche der Inder schlugen fehl, bis ein kühner Bursche sich in dickes Leder kleidete, dem der Biss der Schlangen nichts anhaben konnte, die Schlange in einem günstigen Moment tötete und das Juwel ihrem Kopfe entriss.

Diesen Stein hatte der Schlangenbeschwörer viele Jahre lang an einem Ort versteckt, den allein zwei Frauen kannten, die beharrlich alle Belohnungen abwiesen, ihn zu zerstören, damit kein böses Zeichen oder Unheil folge ... Ich glaube, dass es einen solchen Stein gibt, denn ich habe viele prächtige erblickt, doch ich glaube nicht, dass er alle Kräfte besitzt, die man ihm nachsagt. Der Schlangenbeschwörer hat die Geschichte seiner Entdeckung wohl ausgeheckt.«

GEGENGIFT

Um gegen Schlangengift zu wirken, muss der Stein an der Bissstelle aufgelegt werden, bevor das Gift zum Nervensystem vordringen kann. Der Stein soll offenbar kurz an der Bissstelle anhaften und von selbst abfallen, wenn er alles Gift aufgenommen hat. Benötigt wurden zwei Steine, die man abwechselnd anlegte, bis sie mit Gift gesättigt waren.

DER SCHLANGENSTEIN GILT ALS MITTEL GEGEN SCHLANGENBISSE.

Albertus Magnus (um 1200–1280), seinerzeit Bischof von Regensburg, soll einen Stein getragen haben, der ihn gegen Epidemien, schwarze Magie und Schlangenbisse schützte.

Nach einem Bericht in der medizinischen Fachzeitschrift *The Lancet* besaß ein burischer Farmer einen Schlangenstein, den er oft an seine Nachbarn verlieh. Nachdem die Tochter eines englischen Jägers von einer Schlange gebissen wurde, musste der Stein erst beschafft werden, so dass er erst einige Stunden nach dem Unfall aufgelegt werden konnte. Aus diesem Grund soll die Wunde nicht richtig verheilt sein.

Ähnlichkeit mit dem Tabaschir

Der international respektierte Gemmologe G. F. Kunz schreibt, dass er einige Schlangensteine untersuchte, die ihm aus Indien zugesandt worden waren. Wie viele seiner Kollegen gelangte auch er zu der Ansicht, dass es sich bei diesen Steinen eher um Tabaschire (siehe Seite 118–119) handeln mag.

Kobra-Steine

Diese Steine werden von den Portugiesen als *cobras de capello* bezeichnet und stammen angeblich aus den Köpfen von Schlangen mit abspreizbarer Nackenhaut (Kobra oder *Serpens pilosus);* man sagt, sie würden den Stein unter ihrem »Hut« tragen.

Laut Tavernier können die Steine wieder entgiftet werden, indem man sie in Milch einweicht, bis diese gerinnt und eine gelbgrüne Farbe annimmt. Frei übersetzt heißt es in seiner Reiseschilderung: »Gegen einen anderen Stein gerieben, scheidet er einen Schleim aus, der dem Vergifteten hilft, wenn er ihn zusammen mit Wasser zu sich nimmt. Die Schlangen findet man an den Küsten von Melinde; die Steine aber kann man bei den portugiesischen Seeleuten und Soldaten kaufen.«

Test bestanden

Tavernier fährt fort, indem er zwei Prüfmethoden beschreibt: »Die erste ist, einen in den Mund zu stecken: Er sollte am Gaumen festkleben. Die zweite Prüfung sieht vor, einen in ein Glas Wasser zu geben: Es muss zu sieden beginnen und Blasen sollen vom Stein aus an die Oberfläche treten.«

VORBEREITUNG DER STEINENTNAHME DURCH INDISCHE SCHLANGENBESCHWÖRER.

TABASCHIR

»Eine solche Zauberkraft besaßen die Steine, dass jene, die ihn trugen, niemals durch das Schwert umkommen würden.«

MARCO POLO (1254–1324)

Eine spezielle Bambusart Malaysias und Indonesiens wird von den Einheimischen als *bulu kasap* oder *mambu* bezeichnet – beides bedeutet »rauer Bambus«. Die Pflanze scheidet eine Substanz namens *sacar mambus* (»Mambu-Zucker«) aus, die sich in den Knoten sammelt. Diese klebrige Flüssigkeit dickt durch Verdunstung nach einiger Zeit zu einer festen, blauweißen Masse ein, die einem dicken Muschelsplitter ähnelt und im Westen unter dem Namen »Tabaschir« bekannt ist.

Der Großwesir und Chirurg des türkischen Sultans, Avicenna, kannte und verwendete diesen »Stein« bereits im 10. Jahrhundert. Sehr fein zermahlen, wurde er auch von den malaysischen und indonesischen Ärzten und Apothekern benutzt. Im Alltag bezeichnet man dieses Pulver als *mali mali rotan jer'nauf* (»Blut des Rattan-Drachen«), in der Medizin einfach als »Bambussalz«.

FAKTEN UND FANTASIE

IN MALAYSIA UND INDONESIEN GLAUBT MAN, DASS EIN IN GOLD EINGEFASSTER TABASCHIR-TALISMAN ÄNGSTE HINSICHTLICH DER VERGANGENHEIT, GEGENWART UND ZUKUNFT VERTREIBT.

UNBESIEGBARKEIT

Ein holländischer Autor des 18. Jahrhunderts berichtet über den sehr begehrten malaysischen »Mestica-Stein«, der in einer Pflanze vorkommen und jeden Kämpfer, der mit mehreren dieser Steine ins Gefecht zieht, unbesiegbar machen soll. Die Steine wurden derart fest an den Körper gebunden, dass sie schließlich in das Fleisch eindrangen. Mehrere holländische Offiziere, die aus Malaysia zurückgekehrt waren, wollen solchen Männern begegnet sein.

ALS TABASCHIR BEZEICHNET MAN JENE GEHÄRTETE, KLEBRIGE SUBSTANZ, DIE SICH IN DEN KNOTEN EINER BESTIMMTEN BAMBUSART SAMMELT.

Marco Polo

Der in Europa kaum bekannte Tabaschir steht im Fernen Osten hoch im Kurs. Marco Polo schreibt über die Strafexpedition des Großen Khan gegen die Insel Chipangu (Japan): »Auf der Großen Insel gelandet, stürmten die Leute des Khan einen Turm voller Widerständischer. Nachdem jeglicher Widerstand gebrochen, schnitten die Soldaten der ganzen Garnison die Köpfe ab. Allein acht Männer zeigten sich unverwundbar, denn sie trugen manche Steine in den Armen unter der Haut und mit solchem Geschick, dass sie von außen nicht sichtbar waren. Eine solche Zauberkraft besaßen die Steine, dass jene, die ihn trugen, niemals durch das Schwert umkommen würden. Als die Generäle des Khan dies vernahmen, ordneten sie an, die Gefangenen mit hölzernen Prügeln zu erschlagen. Die Steine, die man den Leichen entnahm, erlangten ein hohes Ansehen.«

Magische Heilkraft

Noch vor wenigen Jahrzehnten verkörperte der Tabaschir in Malaysia und Indonesien eine wichtige Zutat für Medikamente gegen Augenleiden. Auch die Kreuzfahrer erfuhren von der Heilkraft des Tabaschirs, den sie in ihrem Hospital auf Rhodos gegen Fieber, Magenbeschwerden und Leberinfektionen einsetzten.

Auch jene Art der Melancholie, die bei anhaltender Isolation aufkommt, soll gut auf eine Behandlung in erster Linie mit Tabaschir angesprochen haben. Wie bereits auf Seite 117 erwähnt, ist der Tabaschir womöglich mit den rätselhaften »Schlangensteinen« identisch, wie sie von verschiedenen Völkern zur Behandlung von Schlangenbissen verwendet werden.

OBEN: WÄHREND SEINER ZAHLREICHEN AUSLANDSAUFENTHALTE BEGEGNETE MARCO POLO (1254–1324), DER BERÜHMTESTE EUROPÄISCHE REISENDE DES MITTELALTERS, ZAHLREICHEN MAGISCHEN STEINEN.

Legenden

TABASCHIR

KRÖTENSTEIN

»Süß ist der Nutzen aus der Widrigkeit,
die wie die Kröte, hässlich und giftig,
doch einen wertvollen Juwel im Kopfe trägt.«

SHAKESPEARE: *WIE ES EUCH GEFÄLLT*

Krötensteine ähneln dem Vernehmen nach einem weißen, braunen oder schwärzlichen Kiesel und werden im Kopf einer Kröte gefunden. Dieses Geschöpf fürchtete sich angeblich derart vor dem Menschen, dass es ihn mit Gift bespie. Aus diesem Grund hielt man den Stein im Kopf der Kröte für ein Mittel gegen jegliche Gifte.

Folgt man einem alten Glauben, der bis zum 19. Jahrhundert bestand, so besaß der Krötenstein (Borax, *Lapis Bufon,* Stelon) trotz seiner Unansehnlichkeit zahlreiche hilfreiche Eigenschaften. Dieses Vertrauen in seine magischen Kräfte wurde von vielen angesehenen Schriftstellern und Philosophen dokumentiert.

SCHUTZ VOR GIFTEN

Der Krötenstein genoss die Wertschätzung hochrangiger Persönlichkeiten, die fürchteten, von Rivalen vergiftet zu werden. Gleich dem Bezoar, Schlangenstein und Tabaschir hielt man den Stein für ein wirksames Gegengift, für das hohe Preise bezahlt wurden.

DER IN ROTTERDAM GEBORENE THEOLOGE UND HUMANIST ERASMUS VON ROTTERDAM (1466–1536) BEIM DIKTAT.

Der Stein sollte so in einen Goldring eingelassen sein und getragen werden, dass er den Finger berührte. Legenden berichten, dass der Stein in der Nähe von Giften so heiß wurde, dass er den Finger verbrannte.

DRUM PRÜFE

In seinem *Book of Notable Things* schreibt Lupton über die Herkunft des Steins: »Du wirst erfahren, ob der Krötensteyn der rechte ist oder doch nicht. Halte den Steyn vor eine Kröte, damit

Legenden

KRÖTENSTEIN

sie ihn sieht. Ist er der rechte, wird die Kröte sich ihm mit einem Satz nähern und nach ihm schnappen. Sie ist von solchem Neyd, niemandem den Steyn zu gönnen.« Krötensteine waren angeblich bei Hexen als aktivierende Zutat ihrer Zaubertränke sehr begehrt.
Erasmus von Rotterdam (1466–1536) berichtet Folgendes: »Sitzt bei den Füßen unserer Lady Walsingham und nicht von Griechen und Römern benannt, doch die Franzosen nannten ihn nach der Kröte, weil er ihre Gestalt so trefflich darstellt, wie dies kein Mensch vermöchte ... Um so verwunderlicher, als der Stein sehr klein ist.

Die Gestalt der Kröte zeigt sich nicht von außen, sondern scheint hindurch, als sei sie im Steine eingeschlossen. Einige – und nicht die Geringsten – meinen auch, wenn er in Essig gelegt, die Kröte werde hierin schwimmen und ihre Beine bewegen.«

FAKTEN UND FANTASIE

VIELE ANGESEHENE ÄRZTE EMPFAHLEN EIN GEGENGIFT AUS EINIGEN SCHABSELN KRÖTENSTEIN, DIE MIT WEIN ODER WASSER GETRUNKEN WERDEN SOLLTEN.

Schottischer Talisman

In einer 1699 gehaltenen Vorlesung erwähnt Lhuyd, Kurator des Ashmolean-Museums, dass die Bewohner des schottischen Hochlands dem Krötenstein stark vertrauten, ihre Häuser vor dem Abbrennen und ihre Boote vor dem Untergehen zu schützen. Auch würde kein Befehlshaber ohne den Stein ins Gefecht ziehen, um nicht der Niederlage gewiss zu sein.

Feenzauber

Der Glaube, dass Feen Kinder entführen, war einst weit verbreitet. Ein Beispiel hierfür ist Shakespeares *Ein Sommernachtstraum*, wo Oberon und Titania sich über einen untergeschobenen Knaben streiten.

Wer es sich leisten konnte, kaufte seinen Kindern daher einen Anhänger aus in Gold eingefasstem Krötenstein. In einem Brief aus den 1880er Jahren heißt es, dass ein solches Amulett das Kind »vor dem Einfluss der Feen« schützt.

AUCH ERASMUS VON ROTTERDAM SCHRIEB ÜBER DEN MAGISCHEN KRÖTENSTEIN.

ANDERE MYTHISCHE STEINE

LAPIS ALECTORIUS

Pinius und auch Camillus Leonardus erwähnen den Lapis Alectorius, der nicht wegen seiner Schönheit, sondern aufgrund seiner Zauberkraft bekannt war. Beide Autoren geben ziemlich ähnliche Beschreibungen, wonach es sich um einen hellen, transparenten und kristallartigen Stein handelt, der bisweilen einige rosafarbene Adern aufweist. In alten Schriften heißt es meist, dass der annähernd bohnengroße Stein im Muskelmagen des Kapauns entsteht.

Damit der Stein seine volle Kraft entfalten konnte, erließen die Magier einige strenge Vorschriften: Erstens musste der betreffende Vogel zu Beginn seines dritten Lebensjahrs kastriert werden; zweitens durfte der Stein frühestens im siebten Lebensjahr geerntet werden; und drittens durfte die Entnahme nur erfolgen, wenn der Kapaun beim Fressen nichts trinken wollte.

UNSICHTBARE KRÄFTE

Milon von Kroton (um 500 v. Chr.), ein berühmter Ringer und Athlet, trug stets einen Alectorius. Wie er behauptete, verdankte er diesem Stein seine Kraft und sein Geschick. Nach dem Verlust des Talismans ließ ihn sein Talent im Stich. Die Römer schrieben dem Stein die Wirkung einer Tarnkappe zu und im Mittelalter kam der Glaube auf, dass der Besitzer eines Alectorius niemals Durst leiden muss.

HÄUSLICHER FRIEDEN

Auch glaubte man, dass der Stein häuslichen Frieden und Harmonie bewirkt und dass er einer abtrünnigen Ehefrau, die ihn als Anhänger oder Ring trägt, die erneute Gunst ihres Gatten beschert.

DER GRIECHISCHE RINGER MILON VON KROTON VERTRAUTE GANZ AUF SEINEN ALECTORIUS.

Angeblich stattete Alectorius seinen glücklichen Besitzer mit Überzeugungskraft, Durchsetzungsvermögen und Ehre aus. Unter der Zunge getragen, soll er Beredsamkeit verliehen haben.

LAPIS DRACONIUS

Dieser Stein stammt, so heißt es zumindest, aus dem Kopf von Drachen oder großen Schlangen, die in finsteren Höhlen tief in den gebirgigen Gegenden des Fernen Ostens hausen. Manche schrieben, der Stein sei schwarz und pyramidenförmig, andere wiederum meinten, er sei farblos und transparent und in keiner Weise bearbeitbar.

»Den Draconius«, so berichtet Albertus Magnus, »muss man dem Kopf eines Drachen entnehmen, während er schnaufend daliegt, denn er verliert seine Kraft, wenn er auch nur kurz nach dem Tod des Drachen in ihm verbleibt.«

Philostrates schrieb: »Um die Drachen aus ihren Höhlen zu locken, webt man magische Buchstaben aus Gold in scharlachrote Mäntel; die Lettern benetzt man mit einem Opiat. Die Jäger musizieren in der Hoffnung, den Drachen aus seinem Lager zu locken. Wenn das Opiat den Drachen matt gesetzt hat, eilen die Jäger herbei, um ihm den Kopf abzutrennen. Doch oftmals wird das Reaktionsvermögen des Jägers durch die Ausdünstungen des Mantels getrübt. Dann schnappt ihn der Drache und zieht ihn in seine Höhle.«

Tiefer Schlaf

In seinem Buch *Speculum lapidum* berichtet Camillus Leonardus:
»In jenen östlichen Regionen finden einige verwegene Burschen die Drachenstatt und legen Gras, das sie mit einem Schlafmittel vermischt haben, hinein. Wenn der Drache zurückkehrt, frisst er das Gras und fällt in einen tiefen Schlaf. Nun schneidet man ihm den Kopf ab und birgt den Stein. Dieser besitzt die seltene Gabe, alle Gifte aufzunehmen, vor allem aber das der Schlangen. Auch macht er seinen Besitzer kühn und unbesiegbar, weshalb sich die Könige des Ostens seiner rühmen.«

LAPIS DRACONICUS STAMMT ANGEBLICH AUS DEM KOPF FEUER SPEIENDER DRACHEN.

Lapis Memphiticus

Der Memphiticus wurde als runder, glitzernder Stein mit der Größe und Farbe einer Haselnuss beschrieben. Als mit Wasser oder Wein vermischtes Pulver soll er gut gegen Schmerzen während kleiner chirurgischer Eingriffe (Punktieren, Ausbrennen) gewirkt haben.

Örtliches Betäubungsmittel

Dioskurides (1. Jahrhundert n. Chr.) schreibt, dass feines Memphiticus-Pulver meist mit Fett und Öl vermengt und »auf jene Teile des Körpers aufgetragen wurde, die der Chirurg mit Feuer oder Klinge zu bearbeiten gedachte, denn es machte unempfindlich gegen Schmerzen«. Den Chirurgen der kaiserlich-römischen Armee galt die Salbe als wirksames Schmerzmittel. Diese Aufzeichnungen – einige der ersten, in denen von örtlichen Betäubungsmitteln die Rede ist – hätten leicht verloren gehen können, hätte es nicht Plinius und seinen Sammeleifer gegeben.

Wie der Bischof von Sevilla, St. Isidor, berichtete, soll ein mit Essig gemischtes Memphiticus-Pulver den Menschen unempfindlich gegen die Folterqualen gemacht haben.

Schwalbenstein

Der Chelidonius oder Schwalbenstein zählt zu jenen Steinen, die man in der Antike überaus schätzte und die gegen alle erdenklichen Krankheiten eingesetzt wurden. Dieser rote oder weiße Stein war nur wirksam, wenn er aus dem Kropf junger Schwalben stammte und nicht mit dem Boden, Wasser oder einem anderen Stein in Berührung kam.

Bei Kopfschmerzen riet man, die Steine »in weißes Leinen zu wickeln und dem Bedürftigen aufzusetzen, damit er rasch gesunde«. In ein gelbes Tuch eingeschlagen und um den Hals

JUNGE SCHWALBEN GALTEN ALS QUELLE FÜR DIE BEGEHRTEN STEINE.

NUR EIN KIESEL AM STRAND ODER EIN WIRKUNGSVOLLER TALISMAN?

gebunden, sollen die Steine Gelbsucht geheilt und Fieber verhindert haben. Steine beider Farben verwendete man auch gegen Augenschmerzen, Wechselfieber, Versuchungen, Kobolde, Kräutermagie, Hexerei und bösen Zauber.

KRANKHEITEN

In *Magic of Jewels* (1922) berichtet Joan Evans über ein Grußschreiben des Patriarchen von Jerusalem an König Alfred von England. Er empfiehlt weißen Schwalbenstein »gegen Stiche und fliegende Gifte und merkwürdige Krankheiten ... Man muss seine Krumen in Wasser geben und große Mengen davon trinken ... Auch wirken die Steine gegen befremdliche Dinge, und wenn ein Mann den Wahn hat, so schlage man einen Funken ab vor seinem Gesicht, und sogleich wird er wieder recht.«

FAKTEN UND FANTASIE

EINER DER SCHAUERLICHSTEN MYTHISCHEN STEINE IST DER ANGEBLICH LEICHTE UND HELLROTE PIROPHOLOS AUS DEM HERZEN EINES VERGIFTUNGSTOTEN. MAN GLAUBT, DAS HERZ EINES SOLCHEN MENSCHEN KÖNNE NICHT VERBRENNEN UND DER STEIN SCHÜTZE SEINEN BESITZER VOR BLITZSCHLAG UND UNWETTERN. WICHTIGER JEDOCH WAR, DASS DER STEIN EINEN PLÖTZLICHEN TOD VERHINDERN SOLLTE – NICHT JEDOCH EINEN NATÜRLICHEN TOD, DENN ER BRACHTE EINEN LANGEN TODESKAMPF MIT SICH.

Das Einhorn

Obwohl wir heute einräumen müssen, dass das Einhorn, jenes sagenhafte Tier des Mittelalters, ein reines Fantasieprodukt ist, glaubten die ungebildeten Laien fest an die Stirnwaffe dieses Tiers, die sie schließlich anfassen und bestaunen konnten.

Zu allen Zeiten hatten es die Matrosen rasch heraus, sich in den Hafentavernen aushalten zu lassen, indem sie wundersame Geschichten aus fernen Ländern zum Besten gaben. Im Mittelalter, wo man die Meere der damals bekannten Welt befuhr, gelangte das Horn des sagenhaften Einhorns nach Europa und gab allerorten Rätsel auf.

Wissensdurst

Die Schilderungen der rückkehrenden Abenteurer regten die Fantasie der Menschen an, die – ganz gierig auf Geschichten aus fernen Ländern – nur allzu gern bereit waren, den aufgebauschten Erzählungen der Matrosen zu glauben, vor allem jeder Beschreibung eines sagenumwobenen Tiers, das sein magisches Horn dem Menschen überlassen musste.

IN DEN TAVERNEN KURSIERTEN VIELE SCHILDERUNGEN SAGENHAFTER TIERE.

Da das Horn von einem magischen Tier stammte, musste es mit fabelhaften Kräften versehen sein. Und der Matrose, der das Glück hatte, ein solches Horn erstanden zu haben, schlachtete seine Geschichte gründlich aus, indem er sie in zahlreiche spannende Teile gliederte und den Zuhörern in den Tavernen feilbot.

Auf diese Weise machte er genug Geld, um die anstrengende Seefahrerei an den Nagel hängen zu können.

Gefällige Proportionen

Im Allgemeinen soll das Horn etwa zwei Meter lang gewesen sein. Das fragliche Objekt war wohl proportio-

DAS EINHORN HAT EINE SONDERSTELLUNG IN DER MENSCHLICHEN VORSTELLUNGSKRAFT.

niert und besaß eine gleichförmige, gefällige Gestalt. In Wirklichkeit jedoch handelte es sich bei dem Horn um den schraubig gedrehten, linken oberen Schneidezahn des Narwals.

Schmucksteine und vergleichbare Substanzen dienten meist als Prüfstein. So etwa fasste man einen Teil des angeblichen Einhorns in Gold ein, den man entweder mit einer Goldkette an einem speziellen Kelch befestigte oder zu den Mahlzeiten als Anhänger trug. Wer das Horn in Wein tauchte, war vor Vergiftungen gefeit.

Königliche Gunst

Derartige Anhänger sind oftmals unter den Besitztümern der Könige, Herzöge und anderer Reicher aufgeführt. Dokumentiert ist ein »Prüfer« im Besitz des französischen Königs (1388) und der Herzöge von Burgund (1456). Auch Heinrich VI. von England besaß einen, »zu geben in unsrigen Trunk«. Heinrich VII. nannte »einen Knochen vom Eynhorn und eine Schlangenzung an einer Kätt« sein Eigen. Maria Stuart besaß das »Horn vom Einhorn, mit Gold verziert und an einer güldenen Kette festgemacht« (Evans: *Magic of Jewels,* 1922), das sie jedoch nicht vor der Hinrichtung bewahrte.

Aus dem Horn des Einhorns fertigte man bisweilen heilige Bildnisse. Iwan der Schreckliche behauptete, sein königliches Zepter sei »aus dem Horn des Einhorns ... verziert mit ganz feinen Diamanten, Rubinen, Saphiren, Smaragden und anderen edlen Steinen von reichem Wert«.

Einige Aristokraten, die ihrer Umgebung misstrauten, ließen ein Stück Horn in einer Klemme am Boden ihres Trinkbechers anbringen.

Der im 17. Jahrhundert gefertigte dänische Königsthron besteht fast komplett aus dem »Horn des Einhorns« (Narwal). Er sollte an die Throne der alten dänischen Häuptlinge und die dem Einhorn innewohnenden Kräfte erinnern. Im Testament von Nathaniel Bacon (1614) heißt es: »Meinen drei Töchtern vermache ich das Juwel des Einhorns, angewiesen von ihrer Mutter, damit jede seinen Nutzen kann fordern, wann es Not tut, und mein Weib es kann nehmen, wann es ihrer bedarf.«

REGISTER